3分あれば部下を育てられる実践スキル46

山美弥子

経法ビジネス新書
003

はじめに

「時間がない、人がいない」中でどう育てるか

私は主に「組織のコミュニケーションの向上」を目指して、研修講師として活動しています。産業カウンセラーという立場から、さまざまな業界や企業の研修に20年ほど携わってきました。みなさんが「カウンセラー」ときくと、相談室で個人のカウンセリングをしているイメージが強いと思います。しかし私はその逆で、大勢の人に対し、心理面の情報提供や支援をしているカウンセラーです。そして「産業」がつくカウンセラーですから、活動の場は企業が対象で、さまざまな研修という場を通じ講師として働いてきました。

普通のカウンセラーが相談室で行う個人向けのカウンセリングは、「一人ひとりにしっかりと向き合える」という良さがある一方で、どうしても1日にカウンセリングが行える人数に限度があります。そこで私は、できるだけ多くの方へ情報提供や心理的支援を

したいとの思いから、心理的スキルを専門とした研修講師という立場で仕事をしてきました。

そんな中、ここ数年企業からの依頼が急増しているのは「ＯＪＴ研修」です。何と3年で3倍にもなりました。ご存じの方も多いと思いますが、ＯＪＴとは「On the Job Training」の略で、「上司や先輩が部下に対して、職務に必要な能力（知識・技術）の習得や向上、改善を目的とし、仕事を通じて行う、計画的、合目的的、継続的かつ組織的な教育活動」のことです。

依頼が急増した背景には、ＯＪＴが組織の中で機能していないという実態があるようです。ではなぜ機能していないのでしょうか？　それは、「時間がない、人がいない、だから育てられない」につきるのではないでしょうか。しかし組織にとって「仕事を通じて人を育てられない」というのは大きな課題であり、まさしく死活問題です。

ということで「時間がなくても、人がいなくても育てられる研修」になるのだと思います。世の中にはコーチングをはじめ、ファシリテーションなど、ある程度の時間をとって部下と向き合い育てられる良い手法がたくさんあります。しかし、これらの手法を5

分、10分で実践し効果が得られるかどうかは分かりません。ではどうすれば「時間がなくても、人がいなくても育てられる」のでしょうか？

まずはOJTの本質に立ち戻り、部下に指示を出し報告を受けるリーダー自身が、「仕事を通じて育てる方法」をとればよいのです。とはいっても「したくても時間がない」というリーダーのために、本書では短くて3秒〜1分、長くても3分以内でできる〝具体的な方法〟を紹介しています。

どうぞ部下をイメージしながら、楽しみながら読み進めていただければと思います。

新人や若手社員を部下に持つリーダー、はじめてリーダーになる人向けです

一口にリーダーといっても、色々なリーダーがいると思います。本書では特に「新人や若手社員を部下に持つリーダー」もしくは、「はじめてリーダーになる」という方に向けて書いています。

ですから、読みやすさと、理解のしやすさを優先し、第1章は「指示を出すときのスキル」、第2章、第3章は「報告を受け、承認するスキル」、第4章は「質問スキル」、

第5章、第6章は「ほめたり、叱ったりするスキル」、最後の第7章は「プラスアルファー、使ってほしい法則」といった構成になっています。

いかに仕事場面をイメージして読んでいただけるかを考えて書いたつもりです。ベテランの管理職の方や中堅社員をまとめるリーダーには少し物足りない部分もあるかもしれませんが、できるだけ「人を育てる本質」を大切に書きました。ＯＪＴの本質に立ち戻る機会にしていただければと思います。

心理学的理論よりも「実践効果」を優先

本書では、私が研修を通じ、実際に行ってもらった結果や効果を前提に書いています。そして、これらの結果や効果は約20年間、さまざまな企業のさまざまな年代の方を通じ、私自身が肌で感じたことが含まれています。読者のみなさんからすれば、個人的な見解に聞こえる部分もあるかもしれませんが、そこはどうぞお許しいただければと思います。

ただ私は、リーダーと呼ばれる人が求めるものは、「実践的に学ぶ」ということではないかと考えています。特に研修という場においては、「心理学的な理論は分かった。

それで具体的にどう生かすのか」ということが鮮明にイメージできてこそ、実践的な学びにつながるのだと考えています。仮に、理論だけを学ぶのであれば、それは研修ではなく、「研究」といえるかもしれません。

人を育てる「人材育成」という分野には、さまざまな理論が存在します。本書を手に取ってくださったみなさんであれば、モティベーションの分野などにも興味があるのではないでしょうか。かつて研修でお目にかかった受講者の中に、モティベーションに興味・関心が高く、やたらとモティベーション理論に詳しいのですが、本人の仕事意欲はさっぱり、という人がいました。想像するに、こういう部下を持ったリーダーは大変だろうなあと思いました。

つまり理論や事例を学んだら、それを自分自身の仕事に「生かす」ことが大切であり、それが「実践的に学ぶ」ということではないかと思います。

そこで本書では、理論を大切にしつつも最低限に抑え、それを実践するとどのような効果や結果が得られるのか、ということを最優先に述べています。

「実践スキル46」という意味

本書で「実践スキル46」としたのは、リーダーが人を育てるうえでぜひとも身につけてほしい「手法」を46と定めたからです。その手法は、「仕事そのものをどうマネジメントするか」というよりも、どちらかといえば「人、つまり部下をどうマネジメントするか」という側面に焦点を当てています。かつ「人のマネジメント」の中の、リーダーとしての心構えや考え方や姿勢といった「マインド面」ではなく、具体的にどう関わったらよいのかという「スキル面」に重点を置いています。決してマインドを軽視しているわけではなく、むしろ個人的にはとても大切なものだと考えています。ただ、リーダーには「時間がないからやらない」よりも、「時間のない中でやる」ほうを選択していただきたく、「行動」つまり「スキル」に特化して書いたということをご理解いただきたいと思います。

私は「形を借りて心を整える」という言葉が好きです。この言葉の背景には、「ある行動を習慣化すると、その行動にふさわしい感情があとから付いてくる、またはおのずとつくり出せるようになる」という考え方があるからです。

リーダーの「スキル（形）」としてやっていたことが、みなさん自身のみならず、部下の感情面（心）にも良い影響を与えることができましたら嬉しい限りです。

横山美弥子

3分あれば人を育てられる実践スキル46

●目次

はじめに……………………………………………3
「時間がない、人がいない」中でどう育てるか
新人や若手社員を部下に持つリーダー、はじめてリーダーになる人向けです
心理学的理論よりも「実践効果」を優先
「実践スキル46」という意味

序章 リーダーに求められる能力……………………19
1 仕事を「する能力」と「させる能力」は別のもの
2 「平成方式部下育成」と「昭和方式部下育成」の違い

第1章 たった「一言」でやる気を刺激する指示出しスキル……………27
1 「点の指導」と「線の指導」
2 指示を出すときは部下を自分のデスクに呼ぶ
3 指示を出すときは「ちょっといい」と呼ばない

4 仕事を指示するときは「とりあえずこれお願い」と言わない
5 「5W2H」指示の限界を知る
6 先に「安心材料」を伝える
7 その後に「注意点」を伝える
8 一言で部下をやる気にさせる「成長像（成長イメージ）の提示」
9 一言で部下をやる気にさせる「仕事の意味づけ・意義づけ」
10 理解度、習得度の確認スキル

第2章 たった「3秒」でやる気を刺激する報告を受けるスキル ……… 57

11 「ありがとう、お疲れさま、助かった」よりも、まずは「3秒肯定」する
12 やる気を刺激する「肯定スキル」の効果
13 やる気を刺激する「肯定スキル」の効果検証
14 「肯定」しつつ自分の仕事を優先させるスキル
15 肯定スキルを「お客さま」や「取引先」にも使う

第3章　たった「5秒」でやる気を刺激する承認スキル……83
16　ほめること、労うことが「承認」ではない
17　やる気を刺激する「承認スキル」
18　5大承認用語
19　リーダーは事実を言葉で描写する訓練をせよ
20　ストレッチさせる部下にこそ「承認スキル」を使う
第4章　たった「10秒」で行動させる質問スキル……97
21　良い質問は安易な答えに勝る
22　リーダーはまずは2種類の質問を使い分ける
23　「なぜ」「どうして」連発リーダーはパワハラに移行しやすい
24　「質問」するとどのような効果があるか
25　「質問」が有効でない場面

第5章　たった「15秒」でやる気を刺激するほめるスキル……119
26　ほめられ方、3タイプ
27　ほめ言葉を10種類以上持つ
28　ほめ言葉40
29　リーダーは無理をしてまでほめない
30　部下と「一緒」だった時に〝すぐに〟ほめる
31　リーダーが「ほめる」とどのような効果があるか
32　「ほめること」が有効ではない場面

第6章　たった「1分」で部下が納得する叱るスキル……141
33　叱る目的って何ですか
34　行動を修正するためには「ある程度落ち込むこと、悔やむこと」が必要
35　「説教された」と「叱られた」の違いが分かりますか
36　リーダーが1分で叱る構造

37 叱るときでも長所を入れ、必ず「ただ」で逆説を述べる
38 パワハラになりかねない叱り方は「お前は、あなたは」が主語
39 主語は必ず「私は」を使い、「I Want」で叱る
40 約束を取り付け、前向きな一言を添える
41 叱るときは立って、V字の位置関係で叱る
42 あえてみんなの前で叱る場面とは

第7章 部下のやる気を刺激するための「法則・考え方」……173

43 クリティカルマス
44 パーキンソンの法則
45 インキュベートの法則
46 ツァイガニック効果

おわりに……182

「個人的人格」から離れ、いかに「役割的人格」になるかが勝負
言葉は「使うもの」ではなく「選ぶもの」

序章

リーダーに求められる能力

1　仕事を「する能力」と「させる能力」は別のもの

「はじめに」の中で、本書はＯＪＴの本質に立ち戻り、「仕事を通じて部下を育てるスキル」を提供すると述べました。実はこの「仕事を通じて」という部分がくせもので、「仕事ができる」イコール「仕事を上手に教えられる」という勘違いが起きるのです。まずはそこをしっかり区別して考えたいと思います。

自分が仕事を「する能力」と、部下に仕事を「させる能力」は、まったくとまではいいませんが、明らかに別のものです。これは自分が仕事を「する能力」、つまり業務遂行能力が高いリーダーほど錯覚に陥りやすいので注意が必要です。この錯覚から抜けきれないリーダーは「これだけ教えているのになぜできないのか分からない」もしくは「自分と同じようにやればいいのに、なぜできないのか分からない」とよく言います。確かにリーダーのその気持ちは分かりますが、このままでは部下を動かし、成果を出すことができません。

長年数字を背負ってきたリーダーは私に、「横山さん、自分が数字を出すほうがまだ楽です。部下に数字を出させることがどんなに大変なことか」とよく言います。それは何も数字に限ったことではなく、仕事の成果や結果を出させることも同じぐらい大変なことだと思います。それは自分が仕事を「する能力」とはまた別の、部下に仕事を「させる能力」を発揮しなければならないからです。しかも、数字や成果や結果が目に見える形で求められるのですから大変です。

どのようなリーダーであっても、「チームをまとめ、前に進ませ、成果を出す」という役割が求められます。そのためにリーダーが意識を向けるべきことは、「仕事」「人」「職場」の3つだといわれています。それを、日本を代表するある企業では「仕事づくり」「人づくり」「職場づくり」と表現しています。私はこの暖かみを感じる表現が個人的にとても好きです。

この言葉を使わせていただくと、自分が仕事を「する能力」、つまり業務遂行能力は「仕事づくり」に発揮できると思います。リーダーには業務遂行能力の高い人が多いので、仕事そのものを前に進めるときは、この能力を十分に発揮していただきたいと思います。

一方、部下に仕事を「させる能力」は、「人づくり」に発揮されるものだと思います。

「させる能力」とは何か、その定義は難しいのですが、私は2つの要素があると考えています。1つは「部下のやる気を刺激する能力」と、もう1つは「そのやる気を行動につなげられる能力」だと考えています。リーダーは自分のパフォーマンスを維持しつつ「部下のやる気をどれだけ刺激できるか」、そして、刺激だけに終わらず「部下が自ら動き出す行動にどうつなげられるか」ということが「させる能力」なのです。さらに最後の「職場づくり」は、「仕事づくり」と「人づくり」が上手く機能することによって、必ずや働き甲斐のある「職場づくり」につながるものと考えます。

2 「平成方式部下育成」と「昭和方式部下育成」の違い

「平成方式部下育成」と「昭和方式部下育成」という呼び名は私が勝手につけたもので、どこかにこうした呼び名が存在するわけではありません。そして単に「平成方式部下育成」は新しくて「昭和方式部下育成」が古いもの、もしくは「平成方式部下育成」が良くて「昭和方式部下育成」が良くないもの、というわけでもありません。この呼び名は、多くのリーダーの方に分かりやすく覚えていただくため、その違いを理解しやすくするために研修でよく用いているものです。

ではそれぞれどういった育成法なのか、その違いを説明します。

「昭和方式部下育成」は、別名「マーチングバンド方式」、「平成方式部下育成」は、別名「ガソリンスタンドマン方式」と呼んでいます。もちろんこれも私の勝手な命名です。

「昭和方式部下育成＝マーチングバンド方式」とは、その名の通り、リーダーは先頭に立つ指揮者です。前を向いて進んでいきます。部下は演奏隊で、指揮者を信じ、その指示に従って演奏しながらついていきます。リーダーシップ論の中には、「本来リーダーは、組織の進むべき先をしっかり見据えていなければならない」とあります。これは、本来リーダーのあるべき姿、ありたい姿です。そのため、強い組織のリーダーはマーチングバンド方式をとっている場合が多かったのです。

しかし数年前から、演奏隊の演奏力が低下する現象が起きてきました。それはリーダーにより統制がとれているがゆえに、「個人が自分の頭でものを考えなくなった」ことが原因でした。

一方、「平成方式部下育成＝ガソリンスタンドマン方式」とは、リーダーはガソリンスタンドマンで、車を運転しているのは部下です。ガソリンスタンドマンは自分が駐車させたいところに車を上手く誘導する役割です。ハンドルを握っているのはリーダーではなく、部下本人ですから、前述した「仕事をさせる能力」が大いに試されます。難しい縦列駐車を、いかに上手にガソリンスタンドマンが誘導するか、腕の見せ所といったイメージです。

実のところ、「チームをまとめ、前に進ませ、成果を出す」ことができれば、「平成方式」だろうが「昭和方式」だろうが、どちらでもいいのです。私の経験からいえば、「平成方式」でやる気を刺激できる部下が半分、「昭和方式」で半分といったところだと思います。ただ近年、徐々に「平成方式」のほうが優位になりつつあります。

ある意味、「昭和方式」は「自分がされたようにする」もしくは「自分が育てられたように育てる」方法でよいと思うのですが、上手く車を誘導する「平成方式」のトレーニングを受けてきたリーダーは少ないのではないでしょうか。

ということで、本書では「平成方式部下育成」に当たるスキルをできだけたくさん紹介していますので、ぜひ参考にしていただければと思います。

そして、部下のタイプに合わせて、もしくは仕事の場面に合わせて、「平成方式」、「昭和方式」の両方を上手に使い分けられるリーダーを目指してほしいと思っています。

第1章

たった「一言」でやる気を刺激する指示出しスキル

1 「点の指導」と「線の指導」

リーダーが「平成方式」、「昭和方式」どちらのスタイルであっても大事なことは、「線の指導」もしくは「線の育成」をすることです。

では、「線の指導」とは何でしょうか？　みなさんの職場が「線の指導」になっているかどうか、簡単な判断基準を示しますので確認してみてください。

①新人、若手社員に対し「育成計画書」がある
②その「育成計画書」がきちんと運用されている
③リーダーや指導者は部下に対し、意図を持って接している

いかがでしたか？　少なくともこの3つがないと、〝場当たり的な指導〟つまり「点の指導」になっている可能性が高いと思われます。

「線の指導」が行われている職場には、「人材育成計画書」が存在します。この計画書の中には「なぜこの時期に、この仕事を身につけてもらうか」といった目的や背景が明

確に記されています。かつ「○か月後・○年後にはどうなってほしいか」というゴールイメージがあることです。特に、新人や若手社員は、仕事経験が浅いので、こうした成長プロセスを自分ひとりで描くことができません。まずは組織が責任を持ってこのような「育成計画書」を作成すること、これこそが「線の指導」の第一歩です。

そしてこの「育成計画書」が、きちんと運用されていることのほうがむしろ重要です。どんなに緻密な計画書であっても、その通りに実行されなければ意味がありません。多少粗くても、それにそって育てていく、実行していくほうがきちんと線として運用されていることになります。

さらに「本人、上司、育成者（リーダーなど）」の３者で共有がなされ、定期的に育成進捗管理のための面談が行われていること、これが運用されている証です。

最後に、リーダーや指導者が〝意図を持って部下に接すること〟で、「線の指導」に磨きがかかります。

どう磨くのか、その磨き方については次に紹介します。

2　指示を出すときは部下を自分のデスクに呼ぶ

今、多くの職場で「点の指導」になっていることが、ＯＪＴが機能しない根本原因となっているようです。私は仕事柄、さまざまな企業の職場にお邪魔させていただきます。オフィスに10分ほど滞在すると、「この職場は点の指導になっているか、線の指導になっているか」を判別することができます。判別基準は３つあります。最初の基準です。

あなたはリーダーとして、どちらのスタイルをとっていますか？

Ａ：リーダーが部下のところにわざわざ行って、仕事を依頼している

Ｂ：リーダーが部下に仕事を依頼するときは、自分のデスクに呼んでいる

いかがでしょうか？　Ａのスタイルをとっているリーダーのほうが多いのではないでしょうか。それは、物理的にデスクの距離が近いとか、Ｂは偉そうなイメージなのであえて避けているという人も多いと思います。また自分が部下のところに行ったほうが、頼みやすいという気持ちもよく分かります。

ただＡのスタイルをとっている場合には、あるリスクが含まれます。それは部下に、リーダーの意図とは違う「負の学習」を、〝無意識〟にさせてしまっているというリス

クです。私が研修の中で若手社員に「リーダーは、リーダーからではなく、みなさんからのアプローチを望んでいるようですが」と問いかけると、「何か私たちに期待することや要望があればリーダーのほうから来てくれますよね？」「それを待っていたほうが間違いないですよね？」「そしてそれに応えられるように精一杯頑張ればいいと思います」と言う若手が何と多いこと。

普段から上司やリーダーが自分のところに来てくれるので、「何か用事があれば、自分から行かなくても、あちらから来てくれるだろう」ということを、「無意識」に学習させています。これが「負の学習」です。リーダーは本来、部下が自らリーダーに働きかけるという「正の学習」をさせなくてはなりません。「部下が自ら働きかけられるようにする」という意図を持って行動するのであれば、やはり部下を自分のデスクに呼ぶほうが望ましいのではないでしょうか。

まったく逆のことをしていた人は、急に変えるのはおかしいので、「15分ぐらいかかるので、こちらに来てもらっていい？」くらいの調子でスタイルチェンジを図ってみてください。

3　指示を出すときは「ちょっといい」と呼ばない

「点の指導か、線の指導か」を判別する2番目の基準です。
あなたの職場では、CとDのような声がけがありますか？　ありませんか？
C：リーダーは部下に仕事を依頼するとき、「○○さん、ちょっといい？」と声をかけている
D：部下はリーダーに用事があり声をかけるとき、「ちょっとよろしいでしょうか？」と声をかけている
いかがでしょうか？　「思い当たる」という職場が多いのではないでしょうか。私はCやDで仕事のやり取りをしている職場を、「ちょっと・ちょっと職場」と呼んでいます。これをやっていると人間関係が悪くなります。
なぜならば、過去に後輩から「ちょっとよろしいでしょうか？」と言われたので、「いいよ」と答えたら、何と15分もかかったことがありました。本当に「ちょっと」であればいいのですが、ちょっとじゃなかった、という経験は私だけではないと思います。あの人の「ちょっと」は、ちょっとじゃないので困るよね、となるとお互いにスムーズな

声がけができなくなり、少しずつ人間関係がぎくしゃくしてくるものです。

職場の人間関係の悪化は、実はこうした小さなほころびからはじまるものです。そうならないためにも、リーダーはせっかく声をかけるのであれば、「意図を持った声がけ」をしてほしいと思います。別に難しく考える必要はありません。前述のように、自分のデスクになるべく呼ぶスタイルにするなど、ごく普通に行えることばかりです。

そこで部下を自分のデスクに呼ぶときは、次の①～③を実践してみてください。

①部下の名前を呼ぶ：「横山さん」
②何の用件かを言う：「ＡＢＣ会社のプレゼン資料の件で」
③時間の目安を言う：「今、10分ぐらい時間とれますか？」

こうすれば、部下も何の用で、何分ぐらい自分は時間を割けばよいのかが分かります。

仮に部下に急ぎの案件があれば、「すみません、今、急ぎの案件をかかえていますので30分後でもよろしいでしょうか？」と即答することも可能です。リーダーも部下も、自分の仕事の優先順位を大切にしながら仕事ができます。こうしたリーダーの「意図を持った声がけ」が線の指導なのです。

4　仕事を指示するときは「とりあえずこれお願い」と言わない

「点の指導か、線の指導か」を判別する最後の基準です。実はこれが最も「点の指導」になる原因だと考えられます。

あなたはリーダーとして、どちらのスタイルをとっていますか？

Ｅ：部下に指示を出すときは「とりあえずこれお願い」と言っている

Ｆ：部下に指示を出すときは「５Ｗ２Ｈ」を意識し、説明している

いかがでしょうか？　ドキッとしたリーダーも多いのではないでしょうか。これは部下の経験や能力にもよりますが、Ｅはよほどの信頼関係がない限り避けていただきたいと思います。

なぜならば、「とりあえずこれお願い」と言って、次々に仕事を与えることは、一見、部下の成長を願って与えているように思われますが、これこそがまさしく「点の指導」なのです。「とりあえずこれ」「次はこれ」「そしてこれ」と点をいくつも置いていることに他ならないからです。

リーダーにしてみれば、「あれも経験させたい、これも経験してほしい」という親心

だということはよく分かります。ただ、中堅社員であればまだしも、育成を最も必要とする新人や若手社員にはふさわしくありません。なぜならば、彼らはまだ経験が浅いので、いくらたくさんの点を置かれても、それを自分の力でつなげることができないからです。経験が浅いということは、自分が分かっている範囲からしか物事を見ることができません。中堅社員のように「全体から部分を見る力」があれば、点を置かれても自分で線でつなぐことができます。しかし新人や若手はその逆で、「部分から全体を見る力」しか持っていないので、あれもこれもと点を置かれても、その意味さえ理解できません。そうなると、仕事を「こなす」もしくは「処理する」だけになってしまいます。これでは仕事のやりがいなど見出せるはずもありません。

リーダーがどのような指示の〝出し方〟をするかは、大げさにいえば、部下のやる気に直結します。「出せばいい」「期限だけ押さえればいい」わけではありません。その仕事をどのように遂行してほしいのか、その仕事を通じてどう成長してほしいのか、その仕事にはどのような意味や意義があるのか、そこを「たった一言」でよいので指示を出すときは付け加えてほしいと思います。

5 「5W2H」指示の限界を知る

指示を出すときは「5W2H」を意識し、説明しているリーダーの方は、普段から丁寧なコミュニケーションを心がけているリーダーだと思います。部下への指示を5W2H（When いつ、Where どこで、Who 誰が、What 何を、Why なぜ、How どうする、How much いくら）で行うと、「ヌケ・モレ」が防げますし、部下にとっても詳細が分かり安心して仕事に取りかかれます。

一方、「とりあえずこれお願い」と言われると、何を、いつまでに、どう行えばよいのかが分かりません。新人の中には、「とりあえずこれお願い」と言われた瞬間、「すぐ不安が襲ってくる」と表現した人もいるぐらいです。不安を与えるために指示を出しているわけではありませんから、どうぞ新人や若手の部下が安心する指示の出し方をしてください。それが「5W2H」を意識し、説明するやり方です。

ただ「5W2H」を意識した説明には、2つの落とし穴があります。それは、

①詳細な説明をしたからといって、部下が「やる気」を持って仕事をしてくれるかど

うかは、別の問題であること

②リーダーが正しい説明をしたからといって、部下が「正しく」仕事を行ってくれるかどうかは、別の問題であること

この2つです。これが「5W2Hの説明」の〝限界〟です。

②については、本章の「10　理解度、習得度の確認スキル」で後述しますので、①の限界について考えてみたいと思います。

例えば、新人にレジの打ち方について「5W2H」で説明してみます（次頁表参照）。極端な例ですが、この指示でやる気を持って3か月間レジ打ちに励む新人はまずいないと思います。何かが足りないのです。部下に正しい仕事をしてもらうためには、「5W2H」を意識した説明が大切です。しかし、これだけでは「やる気を持って仕事に取り組む」とまではいかないのです。では、どのような指示の出し方をすれば「仕事も正しく」かつ「やる気を持って」仕事に取り組んでくれるのでしょうか。順を追って説明します。

5W	
When	いつ＝当面3か月
Where	どこで＝この売り場で
Who	誰が＝新人のあなたが
What	何を＝レジ打ちを
Why	なぜ＝現場に出る前の研修の一環として
2H	
How	どうする＝ひとりでしてもらいます
How much many	〈省略〉

6　先に「安心材料」を伝える

部下が仕事も「正しく」かつ「やる気」を持ってくれる指示の出し方を順に説明します。

①	先に安心材料を伝える
②	その後に「注意点」を伝える
③	一言でよいので、部下の「成長像（成長イメージ）」を伝えるもしくは、その仕事をする「意味や意義」を伝える
④	５Ｗ２Ｈでやり方の説明をする
⑤	何か質問はないか尋ねる、オートクラインをさせる

この順番はあくまでも標準的なもので、特に新人や若手の部下には有効だと考えてください。①から⑤まで、どのように指示を出せばよいのか、詳しく説明します。

まず新人や若手の部下には、①と②の順番を必ず守ってください。先に「安心材料＝これがあるから大丈夫だよ」で、その次に「注意点＝ここだけは注意してやってね」です。なぜこの順番を守ってほしいかといいますと、先にネガティブなことを言うと、部下の頭の中は「不安や心配」で埋め尽くされてしまうからです。近年の若手社員には、失敗を極端におそれる傾向が見て取れます。先に注意点を伝えると、「あ〜そこを間違えると失敗するかもしれない」「失敗したら自分はどうなるんだろう」と、不安や心配が頭の中でグルグル駆け巡る、と表現した新人もいるぐらいです。こうなるとリーダーの指示を冷静に聞くことができないばかりか、指示の内容がまったく耳に入ってこないことになります。

頭の中がこのような状態にならないためにも、安心材料を先に伝えてください。安心材料とは「マニュアルがある」「フローがある」「昨年の資料がある」など、それを見れば安心できる、拠りどころとなる物です。そして一番の安心材料は、実はリーダーである「あなたの存在」です。「私がそばで見ているから」もしくは「1回は必ず同行するから」といったリーダーの存在そのものが一番の安心材料なのです。

まずは、指示を受ける側の部下の心理状態を安定させることを心がけてください。

さい。

7　その後に「注意点」を伝える

部下の心理状態が安定したところで、注意点を伝えます。この順番を忘れないでください。

新人や若手の部下の場合、注意点の数は「1つ」が望ましいと思います。どんなに多くても「3つ」が限界と考えてください。「あれも、これも、それも気をつけて」となると、せっかく安定させた心理状態が崩れてしまいます。

「ここだけは注意して、外さないで」ということを、1つだけ伝えましょう。そうすれば「ここだけ」という注意点に集中し、仕事を進めてくれると思います。

「部下にそこまで気をつかうのか」というリーダーの声が聞こえてきそうですが、①「先に安心材料を伝える」、②「その後に注意点を伝える」ことにどれぐらいの時間が必要でしょうか？　ほんの1、2分のことだと思います。

また、どのような立場のリーダーであっても、部下に「指示を出す」「報告を受ける」という場面は仕事の中に必ずあると思います。必ずある場面なのに、意図を持って、もしくは工夫して指示を出しているリーダーが少ないように思います。なぜならば、私が研修で「普段みなさんは部下に指示を出していますね」「では部下に指示を出すとき、どのような工夫をしていますか？」と尋ねると、ほとんどの人は「期限を伝える」とか「詳しく説明する」といった答えが返ってきます。それは工夫ではなく、仕事の「伝達」です。繰り返しになりますが、仕事の「説明」や「伝達」だけでは部下のやる気を刺激することは難しいと考えてください。

確かに、新人や若手の中には、「説明」や「伝達」だけで十分な仕事をしてくれる人もいます。こうした人は「自己動機づけが高い」「自己動機づけを習慣化している」という特長を持っています。こうした人を採用すべく多くの企業が努力を重ねていますが、このような人は新人や若手の1～3％程度だろうと思われます。

つまり多くの新人や若手に対する動機づけは、リーダー側の意図や工夫次第ということです。

次からは、ずばり、その「動機づけ」の手法を紹介します。

8　一言で部下をやる気にさせる「成長像（成長イメージ）の提示」

新人や若手の部下の部下のやる気を刺激する一番の方法は、「成長像（成長イメージ）を提示する」ことです。

具体的には「この仕事をすると、君にはこんな成長があるよ」と伝えることです。ここまでのおさらいを含め、新人への「レジの打ち方の説明場面」に当てはめてみます。

「横山さんに当面3か月、現場に出る前の研修の一環としてこの売場でレジを担当してもらいますので、レジの打ち方を説明しますね」

①　先に安心材料を伝える
▼レジの打ち方で何か分からないことがあれば、このバーコード一覧で検索してください。 ▼99％、これを見れば解決できるようになっていますので安心してください。 レジのすぐ横に置いてありますので、いつでも見てください。
②　その後に「注意点」を伝える

▼ただし、注意点が一点だけあります。
▼毎月入ってくる、季節商品についてはこれには載っていません。
▼これを打ち込むときは、手作業になりますので注意して打ってください。
▼その打ち方は、この後、詳しく教えますので、その時にしっかりメモを取ってください。

③　一言でよいので、部下の「成長像（成長イメージ）」を伝える

▼当面3か月間レジ打ちだけですが、横山さんだったら1か月もすれば、午前中いっぱいでお店の1日の売上額が予測できるようになると思います。
▼そして、どのような要因でお店の売上額が変わるのか、その変動要因をいくつか見つけるつもりでレジを打ってほしいと思います。

④　5W2Hでやり方の説明をする

▼それでは具体的なやり方を説明します。

いかがでしょうか？　これは本当に単純なレジの打ち方を説明している場面です。
しかし、例にあげました通り、単純なレジ打ちの説明であっても、指示を出す側の工

夫次第でいくらでも相手のやる気を刺激することができるのです。

普段私たちはこうした単純な仕事に対し、何も考えないで指示を出したり、説明したりしがちです。やり方の説明＝④だけだとどうなるでしょうか？

「横山さんに当面3か月、この売場でレジを担当していただきますので、レジの打ち方を説明しますね」

④　5W2Hでやり方の説明をする　（How much・many　は省略）	
▼それでは具体的なやり方を説明します。	
Where	どこで▼この売場のレジはここだけです
When	いつ▼先輩が伝票を持ってきたら
Who	誰が▼あなたが責任をもって

What	何を▼伝票の記載通りに
How	どうする▼レジ打ちをしてください
打ち方はこうです……というやり方の説明が続く。	
Why	なぜ▼現場に出る前の研修の一環として、お店の売上管理の勉強と思ってください

この説明だけではたして3か月、レジ打ちが続くでしょうか？　そう考えると、あらためて③「成長像（成長イメージ）を提示する」の威力が実感できたのではないかと思います。「成長像（成長イメージ）を提示する」ことで、「今日の売上げは雨だからどうだろう？」「今日は年配の男性が多いな？　なぜだろう」と、頭を使ってレジを打つと思います。これが「仕事をさせる」ということです。一方で④の説明だけだと、指を使ってレジを打つだけの、「作業をさせる」ことになるのです。

ある金融機関の小さな店舗で聞いた話です。

商店街の中にあるその店舗に、数年ぶりに新入職員が配属になりました。新人が配属されて数日後、内部コンピュータにシステムトラブルが起き、窓口業務や内部処理業務はすべて手作業になったそうです。当然、職員はみな大慌て、新入職員の面倒を見ているひまなどありません。小さな店舗ですから、一人ひとりが自分の仕事を手作業でこなすだけで精一杯な状態です。

新人をかまっているひまもないが、何か仕事をさせないわけにもいかない。しかし、新人が手伝える仕事は何もない。さてどうするか？　となったとき、「お客さまにはATMでできることは、窓口ではなく、なるべくATMで行ってもらうように案内するので、新人をATMの案内係りにしよう」ということになったそうです。

実は、職員の中に私のOJT研修を受講した人がいて、いくら新人だからといって、「ただATMの前に立って案内をしなさい」だけでは、何時間も立っているのはつらいだろうなあ、と思ったそうです。そこで、研修で学んだ、「成長像（成長イメージ）を提示する」ことを試みたそうです。

「今日は知っての通り、システムトラブルが起き、みんな手作業処理に追われています。そこであなたにはＡＴＭの案内係りを３時まで担当してもらいます」「ずっと立っての案内は大変だと思うけれども、何か分からないことが起きたら、すぐに声をかけてください。私が代わりますので安心してください」「ただ一つだけ注意してほしいことがあります。◆◆の手続きだけは、必ず窓口に案内してください」「ＡＴＭの側に立っていると、どのような手続きが多いのかが分かるだけでなく、お客さまがどのようなことにお困りなのかも知ることができます」「これが分かると、あなたが窓口担当になったとき、慌てることが少なくなると思います」「ＡＴＭの案内係りをすると、色々なことが分かります。来週には窓口に座ってもらう予定ですが、イスの座り心地が違ってくるかもね？」と言ったそうです。

そうしたらその新人はとても熱心に、生き生きとＡＴＭの案内係りを最後までしっかり務めたそうです。さらに、どのような問い合わせを受け、どのように案内したのかすべて自分のノートに記録として残していたそうです。

部下をやる気にさせるかどうかは、こうしたリーダーの言葉がけひとつなのです。

⑨ 一言で部下をやる気にさせる「仕事の意味づけ・意義づけ」

さて、伸び盛りの新人や若手の部下であれば、「成長像（成長イメージ）を提示する」ことが一番の意欲刺激になると思います。

さらに、新人や若手の中でも自己動機づけが高い部下や中堅の部下には、「仕事の意味や意義」を一言付け加えてください。

仮に自己動機づけが高い新人の場合だとしたら

③ 一言でよいので、部下の「成長像（成長イメージ）」を伝える

▼当面3か月間レジ打ちだけですが、横山さんだったら1か月もすれば、午前中いっぱいでお店の1日の売上額が予測できるようになると思います。

そして、どのような要因でお店の売上額が変わるのか、その変動要因をいくつか見つけるつもりでレジを打ってほしいと思います。

⇩これにつなげて【その仕事をする「意味や意義」を伝える】

▼横山さんがこの変動要因を3つぐらい見つけることができたら、仮に、仕入部や商品企画部に配属されたとき、とても参考になると思います。

▼レジには売上管理という面だけではなく、マーケティングの意味合いもありますから、そこを意識して打ってみるといいかもしれませんね。

④　5W2Hでやり方の説明をする

▼それでは具体的なやり方を説明します。

いかがでしょうか？　「成長像（成長イメージ）を提示」し、さらに「仕事の意味や意義」を付け加えると、レジ打ちがただのレジ打ちではなくなります。これこそがまさしくリーダーの、仕事を「させる能力」の発揮なのです。

このような指示の出し方を、すべての場面でやってくださいと言っているわけではありません。「この仕事はやり遂げてほしい」「しっかり身につけてほしい」と思う仕事こそ、「成長像（成長イメージ）の提示」や「仕事の意味や意義づけ」を一言付け加えてみてください。

10　理解度、習得度の確認スキル

最後にとても重要なスキルを紹介します。本章の「5『5W2H』指示の限界を知る」で、リーダーが正しい説明をしたからといって、部下が「正しく」仕事を行ってくれるかどうかは、別の問題であると述べました。リーダー自身が、仕事をする能力が高い人ほど、「自分が正しい指示を出せば、部下はその通り、正しく仕事をしてくれるだろう」という思い込みがあるようです。

その思い込みを防いでくれるのが、「オートクライン」という手法です。「オートクライン」とはそもそもは医学用語で、コーチングの専門語として取り入れられたものです。1つの細胞が出したホルモンが他の細胞に作用することをパラ分泌（パラクライン）といいます。これに対し、1つの細胞が出したホルモンがその細胞自体に作用することを自己分泌（オートクライン）といいます。ちょうどコーチングで、クライアントが自分で話して自分で気づくのに似ているのでこの医学用語が使われたようです。「自分が語った言葉はなにがしかの効果を自分自身にもたらす」ともいわれています。

ではどのような場面に活用できるでしょうか？

私は指示出しの最後に活用することをおすすめしています。例えば次のような使い方です。

⑤ 何か質問はないか尋ねる、オートクラインをさせる

▼ここまでの説明で何か質問はありますか
▼「それでは念のために聞きますが、レジを打つときの注意点とやり方を手順通り、もう一度私に説明してもらえますか」

このようにリーダーが質問をして、「部下自身の言葉で語らせること」をあえてしてほしいのです。なぜならば「人は耳から聞いた言葉に従って行動するのではなく、自分が語った言葉に従って行動する」といわれているからです。これが私がおすすめする「オートクライン」です。

ただ傍線部の「念のために聞きますが」を必ず使ってください。そうしないと、語調によってはパワーハラスメントになりかねないので、言い方には注意を払ってください。

「オートクライン」にはどのような効果があるのでしょうか。

「オートクライン」には、リーダーの指示を部下がどこまで理解したか、実際にどこまでできるかといった、「理解度や習得度が確認できる」という効果があります。前述の通り、「レジを打つときの注意点は？」と尋ねて、「季節商品は手作業になるので打ち込むときは……です」と答えられれば理解しているという確認ができます。「手順は？」と聞いて、あいまいな答えが返ってきたら、そのままレジ打ちをさせるのではなく、再度、説明をしなくてはならないかもしれません。

こうした、部下の「理解度や取得度の見極め」が大切なのですが、それをしないで仕事を任せている場合があります。

私が担当するＯＪＴ研修で多い質問は、「新人や若手に仕事を依頼するのですが、ひと通り説明して『分かった』と尋ね、相手が『分かりました』と答えたので任せました。そうしたら全然違うことをやってくるんですよね。そういう人はどうすればいいですか？」という質問です。

私は次のように答えています。「仕事を依頼するリーダーの方は、最後に『分かった』

『やれそう』『できそう』と尋ねないでください」「それがそもそもすれ違う原因になります」「オートクラインという手法を使い、必ず部下の理解度を見極めてから手を離してください」と言っています。

そうです、みなさんは手を離すのが少しだけ早過ぎるのです。ひと手間かかることは確かですが、このひと手間を惜しむと部下との関係性が悪くなります。研修での質問者は、部下の「分かった」が信じられなくなり、何度も「本当に分かった？　できるの？」と念押しをしているうちに、部下が近寄ってこなくなったと言っていました。

私は〝鵜呑みにすること〟と〝信じて任せること〟を区別して考えます。部下の「分かりました」「できます」「やれます」を〝鵜呑みにしない〟で、リーダーが自ら「オートクライン」を使い、指示の理解度を確かめる。部下がきちんと理解してできると判断したら〝信じて〟任せる。信じて任せたことは、どのような結果であってもリーダーが責任を取る。これが大事なのだと思います。

第2章

たった「3秒」でやる気を刺激する報告を受けるスキル

11 「ありがとう、お疲れさま、助かった」よりも、まずは「3秒肯定」する

今度は、報告を受ける場面でどれだけ部下のやる気を刺激できるかを考えてみたいと思います。

新人や若手の部下が次のように報告にきたとします。リーダーであるあなたはどのような返事をしますか？

A	部下：「資料、仕上がりました」
B	部下：「会議室の準備ができました」
C	部下：「研修に参加してとても勉強になりました」

実はこのような、いたって普通の報告に対しても、部下のやる気を刺激することが可能なのです。

では、具体的にどのように返答すれば部下のやる気を刺激することができるのでしょ

うか。それは「たった3秒、肯定するだけ」です。

一般的に「肯定」とは、「否定」の反対の意味で「ある物事や考えなどをその通りであると認めること」です。一方、私が部下のやる気を刺激できると言っている「肯定」とは、心理用語で「相手と同じように受け止める」という意味です。

具体的に「相手と同じように受け止める」とは、どのようにするのでしょうか。前述のA～Cの場面で説明しましょう。

① 「否定するリーダー」

A	部下：「資料、仕上がりました」	▼ リーダー：「遅いじゃないか」
B	部下：「会議室の準備ができました」	▼ リーダー：「ちゃんとセッティングしてくれたよね」
C	部下：「研修に参加してとても勉強になりました」	▼ リーダー：「いや～あなたがいない間大変だったんだから」

②「とりあえず返事リーダー」

A	部下：「資料、仕上がりました」	▼リーダー：「そこに置いてくれる」
B	部下：「会議室の準備ができました」	▼リーダー：「あっそう」
C	部下：「研修に参加してとても勉強になりました」	▼リーダー：「えっ？　どこが？」

③「労うリーダー」

A	部下：「資料、仕上がりました」	▼リーダー：「ありがとう」
B	部下：「会議室の準備ができました」	▼リーダー：「助かった」
C	部下：「研修に参加してとても勉強になりました」	▼リーダー：「お疲れさま」

④「肯定リーダー」

	部下	リーダー
A	部下：「資料、仕上がりました」	▼ リーダー：「仕上がった」
B	部下：「会議室の準備ができました」	▼ リーダー：「準備できた」
C	部下：「研修に参加してとても勉強になりました」	▼ リーダー：「勉強になった」

みなさんはこの①～④のうち、どの返答が多いでしょうか。

さすがに①の否定リーダーはほぼいないと思いますが、私の経験からいえば、②を「無意識」に行っているリーダーはかなりの数で存在します。もちろん、「無意識」ですので悪気はありませんし、むしろ「どんなに忙しくても、リーダーとして返事ぐらいはきちんと返さなくてはならない」といった責任感の強いリーダーほど、このような返答をしています。③はしっかり労っているが、④の肯定は「ただのオウム返しじゃないか！」「こんなまどろっこしい会話をしていたら仕事がはかどらないよ」という声も聞こえてきそうです。しかし、その判断は少し待っていただけませんか。

実は、「労うこと」と「やる気を刺激すること」はイコールではないのです。それは、私が担当するOJT研修の中で、①〜④までの実習を行っていただいた部下役の方からの声を聞けば分かります。「部下役の方に率直な感想をいただけますか」とお願いすると、次のような声が多く聞かれます。

①は「この上司のところに二度と報告に行くものか！」と思う

②は「せっかく報告に行ったのに、受け止めてくれていない」という感じがする

③は「悪くもなく、かといっていいわけでもない」普通こうだろうなあという感じ

④は普段と違った返答で少し戸惑いはあるが、「このリーダーはきちんと自分の報告を受け止めてくれた」と思える

いかがでしょうか？　部下側の印象というのはこれぐらい違うものなのです。もちろんこれは研修の中でロールプレイング（役柄・演技）としてやっていただいた感想にすぎません。それでも、「①や②の言葉を受けるのはしんどい」と言います。そして、「③でもいいけれども、④はリーダーとキャッチボールになった気がする」「簡単な仕事でも

自分がきちんとやった実感が持てる」といった声が受講者からあがります。

この④の返答こそが、心理用語でいう「肯定」＝「相手と同じように受け止める」という意味なのです。「肯定」は、言葉を発するこちら側が考える以上の効果を相手に与えます。

私はいわゆる均等法世代と呼ばれ、マーケティングの世代分類では「新人類」と命名されています。「新人類」という命名の割には、古典的な育成方法で育てられてきた人がほとんどだと思います。この世代から見れば、上司からの返事は①が当たり前で、ある意味、それに何の疑問も持たず慣れ親しんで育ってきました。そのため、②や③で十分だと思っても不思議ではありません。④の肯定など、「言われたこともないし、経験したこともない」という世代です。

または、職場や業界の雰囲気として④の肯定は馴染まないと感じる人もいるでしょう。こうした方々の気持ちはよく理解できますが、残念ながら「労う」ことと「やる気を刺激すること」は別のことなのです。

では、どれぐらいやる気が刺激できるのか、その効果を次に述べたいと思います。

12　やる気を刺激する「肯定スキル」の効果

私の経験からいえば、この「肯定スキル」は部下が新人や若手であれば、より高い効果が期待できます。なぜならば、まだ仕事の経験が浅い新人や若手社員は、リーダーからの言葉をストレートに受け止める傾向にあるからです。

どれぐらいストレートに受け止めるのか、次表に前述の部下役からのコメントと「実際の新人や若手社員」からのコメントを併記してみます。

これらのコメントは実際に私が新人や若手社員からヒアリングをした生の声に他なりません。①の「心が折れる」や、②の「やる気がなくなる」など、かなりネガティブなコメントで、みなさんの想像をはるかに超えるものかもしれません。

ただ、これが「する側」と「される側」の〝感じ方の違い〟というものなのです。私もそうですが、「する側」に回ってしまうと、「される側」だった頃の気持ちをすっかり忘れてしまうものです。

	①否定するリーダー	②とりあえず返事リーダー
部下役からのコメント	この上司のところに二度と報告に行くものか！	せっかく報告に行ったのに、受け止めてくれていない
実際の新人や若手社員のコメント	「心が折れる」 「自分は役に立てていない」 「自分はいてもいなくても同じ」	「やる気がなくなる」 「やって当たり前なのか」 「何か自分に対する不満でもあるのか」

③労うリーダー	④肯定リーダー
悪くもなく、かといっていいわけでもない	このリーダーはきちんと自分の報告を受け止めてくれた
▼	▼
「一応聞いてくれた」 「何か少し物足りない」	「素直にうれしい」 「成長できるようにがんばろう」 「このリーダーのためにもがんばろう」

13 やる気を刺激する「肯定スキル」の効果検証

①～③に引き換え、④は私たちが想像する以上にポジティブな感じ方ではなかったでしょうか。実際に私がヒアリングした中で一番多かった声は、「肯定されると素直に嬉しい」というものです。私もはじめは「こんな単純なことで？」と思いましたが、その考えは次の効果検証によりすぐに覆されました。

実は、この「肯定スキル」がどれぐらいの効果があるのか、私自身が一番関心を持っていました。本書でご紹介するさまざまな手法のことを、私は「心理的スキル」と呼んでいます。そもそもどのようなスキルであっても、心理的なものは検証が難しいものです。そこで私は心理的なものを研修で扱うときは、なるべく数字に置き換え、検証できる形をとっています。

この「肯定スキル」でも、部下役の人にあえて数字に置き換えてもらうという手法をとっています。やり方は、「あなたの感覚値で結構です」「リーダーから②～④の返事が返ってきた場合、自分のやる気が10点満点だとしたら何点ですか？」と数値化してもらいます。これを一覧にしたのが、次の表です。

	②とりあえず返事リーダー	③労うリーダー
部下からの報告	「資料、仕上がりました」 「会議の準備できました」 「研修に参加してとても勉強になりました」	「資料、仕上がりました」 「会議の準備できました」 「研修に参加してとても勉強になりました」
リーダーの返事	「そこに置いてくれる」 「あっそう」 「えっ、どこが？」	「ありがとう」 「助かった」 「お疲れさま」
部下役の人の感じ方を数値化	2～3点	4～5点
実際の新人・若手社員の感じ方を数値化	－2点	1～2点

④肯定リーダー
「資料、仕上がりました」▼「仕上がった」 「会議の準備できました」▼「準備できた」 「研修に参加してとても勉強になりました」▼「勉強になった」
⬇ ６〜７点
７〜８点

①はつけるまでもないので省略します。みなさんだったら何点をつけるでしょうか？

私はＯＪＴ研修を通じ、この数値化を多くの人に行ってきました。②の「２〜３点」、③の「４〜５点」、④の「６〜７点」という数字は、中堅社員のＯＪＴ研修の受講者に対し行った結果ですので、あくまでも中堅社員が感じる感覚値でしかありません。

そこで私は、「実際の新人、若手社員」にも同じことを行い、効果検証をしてきました。その結果（数値化）にびっくりされる方も多いと思います。

②の言葉がリーダーから返ってきた場合の自分のやる気は「０点」ではなく、多くの

新人、若手社員は「マイナス2点」とつけます。それもそのはずです。65頁にも記した通り、②に対するコメントは、「やる気がなくなる」「やって当たり前なのか」「何か自分に対する不満でもあるのか」などですから、加点の「2～3点」ではなく、減点の「マイナス2点」なのです。

また③は予想以上に低く「1～2点」、高くても「3点」でした。そして何よりも驚くのは、④を「7～8点」とつける新人、若手社員がかなりの数でいたことです。それもそのはずです。④に対する彼らのコメントは、「素直にうれしい」「成長できるようにがんばろう」「このリーダーのためにもがんばろう」ですから、高得点であることに納得がいくはずです。もちろん、①～③より数値が低い人は誰ひとりとしていませんでした。

この結果から何がいえるのでしょうか？　肯定は私たちが想像する以上に効果が高いということではないでしょうか。

私同様、「こんな単純なことで？」と思った方は、今からでも十分間に合います。

肯定スキルは「3秒でできて、しかも簡単で、かつ部下の意欲を刺激できるスキル」

なのです。まずは、「使いやすい人、使いやすい場面」から、ぜひ試してください。この効果が実感できたら、簡単で、かつ手ごたえのある肯定スキルがきっと手放せなくなるはずです。

14 「肯定」しつつ自分の仕事を優先させるスキル

研修で肯定スキルを学んだリーダーから「その効果はよく分かった。しかし、いちいち肯定していたら、自分の仕事が後回しになってしまわないか」という質問を受けます。

結論からいえば、そんなことはありません。私は心理面からアプローチする研修がメインで、リーダーシップ論や業務管理などのマネジメント論には明るくありません。聞くところによると、その分野では「リーダーはなるべく部下からのアプローチは断らない、優先する」という考え方もあるそうです。

しかし私の経験では、優秀なリーダーほど自分の仕事を優先的に進めているように思います。したがって私は、「どうぞリーダーは自分の仕事を優先してください」といつも言っています。なぜならば、リーダーは新人や若手社員よりも、利益に直結する仕事をしていますから、自分の仕事を優先するのは当たり前だと思います。

ただし、私は「必ず肯定してから、その後に自分の都合を優先してほしい」と言っています。

その言い方は次のようになります。

【自分の仕事を上手に優先できる肯定リーダー】

部下	「資料、仕上がりました」
リーダー	「仕上がった」「今、電話中なのであと3分待ってもらえる」
部下	「会議室の準備ができました」
リーダー	「準備できた」「これから外出なので、悪いけれども横山さんに確認してもらえる」
部下	「研修に参加してとても勉強になりました」
リーダー	「勉強になった」「すまないが明日時間をとるので、ゆっくり聞かせてもらえる」

　このように、どのような事情があったとしても、肯定が「先」、そのあとに「自分の事情説明」という順番を守ることが大切なのです。こうすれば部下のやる気も維持できますし、自分の事情も限りなく優先することができるのです。

　しかし人は急いでいればいるほど、相手に理解してほしくなり、つい自分の事情を先に伝えたくなります。そうなるとどうでしょうか。残念なことに、次のように、まるで「自分が最優先」といった印象になってしまいます。

【自分が最優先というイメージのリーダー】

部下	「資料、仕上がりました」
リーダー	「今、電話中なのであと3分待ってもらえる」

部下	「会議室の準備できました」
リーダー	「これから外出なので、悪いけれども横山さんに確認してもらえる」
部下	「研修に参加してとても勉強になりました」
リーダー	「すまないが明日時間をとるので、ゆっくり聞かせてもらえる」

いかがでしょうか？　職場で普通に交わされている会話のようにも聞こえますが、肯定リーダーの印象とはかなり違うのではないでしょうか。「肯定してから、その後に自分の事情を説明する」という返答だと、自分の都合を優先してはいるが、あなたの言っていることもきちんと受け止めていますよ、という印象です。

一方、事情説明が先にくると、電話中であることも、外出しなければならないことも、部下としてはよく分かります。すまないとまで言ってもらえているし、明日でないと時間がとれないことも理解できます。

しかし、たった一言で即答されると、部下はリーダーから「スパッとはねつけられた」、そんな気持ちになるのではないでしょうか。確かに忙しいリーダーにとって、次々にやってくる仕事に即答しなければ仕事が前に進まないこともよく分かります。ただ、リーダーが部下のために肯定する時間は、たったの「3秒」なのです。

私はそれを惜しまないでいただきたいと、いつもリーダーにお願いしています。

みなさんの中には、こんな繊細な、もしくは軟弱な部下はいらないと言われるかもしれません。しかし、このやり取りをお客さまや取引先に置き換えてみてください。お客さまや取引先に向かって、すぐに自分の事情を即答する人はいないはずです。すぐに対応できない事情をお客さまや取引先に説明する際は、それなりに言葉を選んで対応すると思います。それはお金をいただいているというだけではなく、相手に気持ちよく納得してほしいからではないでしょうか。

部下も同じです。リーダーが自分の仕事や事情を優先したい、またはしなくてはならないというときこそ、部下である相手に気持ちよく納得してもらうことが大事なのです。そしてこの納得は、たった3秒、肯定するだけでいいのです。

リーダーが3秒の肯定を惜しみ、残念ながら部下の気持ちが離れていってしまったケースを、私は少なからず目にしてきました。またそれとは逆に、肯定や他の心理的スキルを生かし、たった数年で若手リーダーとなったケースも見てきました。

部下の気持ちが離れていくのは、リーダーが自分の仕事を優先するかしないかではなく、しっかり部下の報告を受け止めてくれるかどうか、そこなのです。

まずは部下の気持ちをしっかりつかむためにも、やる気を刺激するためにも、「部下からの報告には、しっかり3秒肯定すること」を実践していただければと思います。

15 肯定スキルを「お客さま」や「取引先」にも使う

肯定スキルは、お客さまや取引先にも使っていただきたいと思います。なぜならば、「あなたの話をきちんと聞いていますよ」「あなたの話をきちんと受け止めましたよ」というサインになるからです。

次は、金融機関や行政などの窓口でよく交わされている会話です。

AとBのどちらのほうが「あなたの話をきちんと聞いていますよ」「あなたの話をきちんと受け止めましたよ」という印象を受けるでしょうか。

A	
お客さま	「住所変更の手続きなのですが」
窓口担当者	「免許証など、証明できるものをお持ちでしょうか？」
お客さま	「いえ、今日は何も持っていません」
窓口担当者	「それでは手続きができませんね」
お客さま	「そうですか……」

B	
お客さま	「住所変更の手続きなのですが」
窓口担当者	「住所変更の手続きですね」
お客さま	「はい、そうです」
窓口担当者	「今日は免許証など、何か証明できるものをお持ちでしょうか？」
お客さま	「いえ、今日は何も持っていません」
窓口担当者	「今日はお持ちではないのですね」
お客さま	「はい、そうなんです」

Ａが悪いわけではありませんが、Ｂよりも事務的な印象を受けるのはなぜでしょうか。

肯定すると、相手からは必ず「はい、そうです」という返事が返ってきます。この「はい、そうです」という言葉の裏側には、「この人は私の言うことを分かってくれた、受け止めてくれた」、そういう気持ちが隠れているからなのです。

また取引先とのやり取りでは、相手と同じ目線に立って商談を進めることが大切だといわれています。

A	
取引先	「実は、本日は価格帯の変更のお願いに伺いました」
あなた	「えっ変更ですか？」
取引先	「さようでございます。急なことで、大変申し訳なく思っております」
あなた	「急に言われましても、こちらも困ります……」
取引先	「お困りかもしれませんが、私どもの事情といたしましては……」

B	
取引先	「実は、本日は価格帯の変更のお願いに伺いました」
あなた	「価格帯を見直されるということですか？」
取引先	「さようでございます。急なことで、大変申し訳なく思っております」
あなた	「急なことですし、まずはお話を伺いましょうか」
取引先	「ありがとうございます。私どもの事情といたしましては……」

こちらもAの対応が悪いわけではありませんが、Bの対応のほうがスムーズでスマートに聞こえるのはなぜでしょうか。

商談ですから、それぞれの立場がありますので、「同じ気持ち」にはなれません。しかし、AとBでは取引先の言い分を「受け止めてくれたかどうか」に違いが見られます。

Aの返答では、取引先の言い分すら聞いていない印象を受けます。仕事の交渉では、結論はどうあれ、Bのように、まずは「相手の言い分を理解する」ということからはじめなくてはなりません。

こうした場面でも肯定スキルを生かしていただきたいと思います。

ここまで、簡単なのに使い勝手がよい「肯定スキル」を紹介してきましたが、さらに部下と向き合う時間のあるリーダーは、「肯定」＋「承認」を実践していただきたいと思います。

次章では「ほめる」よりも効果が高い、「承認スキル」を紹介します。

第3章

たった「5秒」でやる気を刺激する承認スキル

16 ほめること、労うことが「承認」ではない

アメリカの心理学者であるマズローの「欲求段階説」をご存じの方も多いと思います。この欲求段階説は、土台となる「生理的欲求」「安全欲求」が満たされて、はじめてその上の「愛と所属の欲求」「承認欲求」「自己実現欲求」を求めることができるようになるという説です。この説によって、法律で使われる「承認」とは違う、心理学でいう「承認」の意味を知った、という人も多いのではないでしょうか。

心理学でいう「承認」とは、「相手の存在を認めること」です。承認は英語でいうと「アクノレッジメント（Acknowledgement）」です。語源を調べると、「そこにいることに気づく」という意味があるそうです。つまり、まずはそこにいる相手という存在に気づくこと、そして、その存在を認めること、という意味が「承認」には含まれています。

ということは、やはり「ほめる」ことや、「労う」こととは少し違った意味合いがあるようです。「ほめる」ことは第4章で詳しく述べますが、「事実に基づき、相手の優れているところを言葉で伝えること」です。そして「労う」とは、「苦労などに対して、感謝していたわること」です。

これらと承認を混同しないように、私は次のように区別しています。あまり厳格に区別する必要はありませんが、すみ分けると部下には使いやすいかもしれません。

また相手、つまり部下に対する効果に若干の違いが見られますので、参考にしてください。

【行為】	【一言で言えば】	【相手に対する効果】
承認	相手を認めること	意欲刺激になる
ほめる	優れている点を伝えること	その行為の「＊再現性」が高まる
労う	感謝していたわること	日常的な信頼関係のベースになる

「＊再現性」については、136頁参照

17 やる気を刺激する「承認スキル」

それでは実際に「承認スキル」はどのように使うのでしょうか。リーダーに少しの時間、もしくは心の余裕があるときは、ぜひ、「肯定」と「承認」をセットで使うことをおすすめします。

それは、「肯定」とセットで使うほうが、使いやすいだけでなく、とても自然な流れになるからです。第2章での肯定する場面に承認スキルをセットで使うと、次表のような言い方になります。

【肯定＋承認】

部下	「資料、仕上がりました」
リーダー	「仕上がった」＋「時間通りだね」
部下	「会議室の準備ができました」
リーダー	「準備できた」＋「もう任せられるね／任せられそうだね」

部下	「研修に参加してとても勉強になりました」
リーダー	「勉強になった」＋「きっと知識が増えたね」「これからの仕事に生かせるね」

いかがでしょうか？　第2章で行った、やる気を数値化する方法を、この承認スキルでも行ってみると、肯定で「7～8点」だったのが、一気に「10点満点」あるいは「12点です」という受講者もいるぐらいです。

ここで重要なのは、「ほめて」も「労って」もいないということです。「時間通りだね」「任せられるね」「増えたね」「生かせるね」という言葉は、「ほめて」も「労って」もいないのです。なのに、やる気が満点、それ以上に刺激されるのはなぜでしょうか？

それは、これらの言葉が「事実を語っている言葉」だからです。これが「承認の言葉＝承認スキル」なのです。

18　5大承認用語

実は仕事の場において、承認の言葉を使うのは結構難しいとされています。その理由の1つは、日本人は「事実を語るトレーニング」を受けてきていないので、なかなか使えない。そして、もう1つは、承認の言葉に当たる「用語（言葉）」が少ない、という理由があげられます。

「事実の語り方」については、次項19を読んでいただければ身につけられますので安心してください。

承認の言葉が少ない中でも、特にリーダーに使っていただきたいのが、次にあげる5つです。

①	「～通り」
	「時間通りだね・朝礼で言った通りだね・お客さまのご要望通りだね・会議で決めた通りだね」など

②	「～を任せられる／任せられそう」	「これは任せられるね・あと1回やってもらえれば任せられそうだね」など
③	「～が増えた」	「知識が増えたね・できることが増えたね・お客さまが増えたね・ご依頼が増えたね」など
④	「～に生かせる」	「仕事に生かせるね・別の取引先に生かせるね・新しいお客さまに生かせるね」など
⑤	「～した甲斐があったね」	「何度も足を運んだ甲斐があったね」「挑戦した甲斐があったね」など

いかがでしょうか？　たった5種類でもかなり広範囲に使うことができると思いませんか。

繰り返しになりますが、「～通り」「～を任せられる／任せられそう」「～が増えた」「～に生かせる」「～した甲斐があった」という言葉は、「良い」とか「悪い」といった評価、もしくは「できる」「できない」といった、判断が入っていない言葉です。

これが「事実を語る言葉＝承認の言葉」なのです。私たちは職場でも日常生活でも、つい「良い」「悪い」といった評価の言葉や、「できる」「できない」といった、判断の言葉を使いがちです。

次は、そこを少しだけ意識して、事実を語る言葉のトレーニングをしてみたいと思います。

19 リーダーは事実を言葉で描写する訓練をせよ

正直に申しますと、かつて私はこの承認すること、事実を語ることが一番苦手でした。講師という職業柄、私はいろいろな心理的スキルや心理トレーニングを自分自身も受けるのですが、承認スキルだけは身につけるまでにかなりの時間を要しました。

ある企業に研修に伺ったとき、休憩時間に私がトイレで見た光景です。受講者の中で一番若い女性が、自分が使い終えたペーパータオルで、手洗いシンクの周りをすべてさっと拭いて出て行ったのです。その素早い中にも自然な気遣いが感じられる行為に、私はすがすがしさを感じました。

実はその女性は研修中、年齢が一番若いこともあり、グループディスカッションで口数が少なく、気になっていました。そこで私は、彼女に少しだけ積極的になってもらうために、休憩明けの開講時にこう言いました。

「先ほど、○○さんとトイレで一緒になりました。○○さんは自分が使い終えたペーパータオルで手洗いシンクの周りをさっと全部拭き終え、そよ風のごとく出て行かれました。私はその光景を目にして、とてもすがすがしい気分になりました。みなさん、研修もあと2時間です。さわやかにがんばりましょう！」

研修を終え、帰ろうとした私にその彼女が近づいてきて、「あんなことをしても、誰も見ていないと思いました。誰かが必ず見ていてくれる、認めてもらった気がしました」と言ったのです。この時はじめて私は「事実を語る威力」を感じました。そして少しだけ、「やった！　私も承認スキルができるようになった！」と心の中でガッツポーズをした記憶があります。

承認スキルを知らなかったら、「先ほど、◯◯さんとトイレで一緒になりました。◯◯さんは自分が使い終えたペーパータオルで手洗いシンクの周りをさっと拭き終え、出て行かれました。やはりご家庭のしつけがしっかりされているのですね。きちんとされていることは、とてもすばらしいですね。私も見習いたいと思います」と言うと思います。

この言い方でも悪い気はしませんが、彼女から「認めてもらった気がしました」という言葉は返ってこないと思います。それは、こちらはほめたつもりでも、傍線部のように、評価や判断寄りの言葉が入っているからだと思います。「評価や判断」の言葉がすべて悪いわけではありません。人事評価の面談の時などは、むしろ「評価や判断」の言葉が必要ですし、ふさわしいとされています。

ただ、部下からの報告を受けるという場面では、「評価や判断」の言葉はふさわしくないというだけです。

まず事実を描写するには、部下を観察していないと語れません。そして、事実を「具体的」に語ることがポイントです。例えば、

「毎朝他の人より30分も早く来て、しっかりスケジュール管理をしているね」
「今月の売上げは、先月より10％伸びているね」
「この半年、お客さまのところに訪問する回数が2倍だね」

いかがでしょうか？　具体的に事実を語ると、部下は「自分のことを見ていてもらっている」という実感を持つことができるのです。もしこれを

「○○さんは早く来てえらいね」

「えらく数字が伸びているそうじゃない。すごいなあ」

「やっとうまくお客さまと話せるようになったか」


などと描写すると、部下はきっと、心地よいとは思えないのではないでしょうか。

承認するには、まず部下をよく観察し、そして、シンプルに事実を語ることです。

まずは、この事実を描写するトレーニングからはじめてみてはいかがでしょうか。

20 ストレッチさせる部下にこそ「承認スキル」を使う

あなたの部下の中に、あと少し上を目指してほしいと思っている部下はいませんか？

そういうストレッチさせたい部下にこそ「承認スキル」は有効です。

当たり前にできた仕事、普通にこなせた仕事であっても、承認の言葉を一言でいいので加えてみてください。５大承認用語はもちろんのこと、次の３つの立場を使い分けると、必ずやしっかりストレッチしてくれると思います。

３つの立場とは、Ｉ（私）、Ｙｏｕ（あなた）、Ｗｅ（私たち）の立場です。

I（私）	「最後までしっかり担当してくれて、私は心強かったよ」
You（あなた）	「○○さんは最後までしっかり担当してくれましたね」
We（私たち）	「最後までしっかり担当してくれたので、私たちの企画も無事に通りそうだよ」

Ｉ（私）の立場からはリーダーからのメッセージが伝わり、Ｙｏｕ（あなた）の立場からは部下への関心が伝わり、Ｗｅ（私たち）の立場からは、周りの人たちの実感が伝わります。部下に何を伝えたいかにより、立場を選んで承認の言葉を発すると効果的でしょう。

最後に、ネガティブな報告を受けたときこそ承認が大事だといわれています。具体的には「よく早く報告してきてくれたね、言いにくかっただろう」と言ってみてください。なかなか言える言葉ではありませんが、承認とは「相手の存在を認めること」ですから、それがネガティブなことであっても認めなければなりません。

人は誰しも「承認されたい」「誰かに認められたい」という欲求を持っているといわれています。

これまで述べてきた承認スキルは、どのような場面であっても「5秒」しかかかりません。

どうぞこの5秒を惜しまずに、積極的に部下に使っていただきたいと思います。

第4章

たった「10秒」で行動させる質問スキル

21　良い質問は安易な答えに勝る

リーダーであるみなさんは、部下の何を信じていますか？　「能力」ですか？　「人柄」ですか？

私は、部下は「自分の中に答えを持っている」ということを、まずは信じてほしいと思います。

「部下が自分で答えなど持つはずがない」と考えているリーダーは、すぐに「答えを教えたがり」ます。そしてその通りに部下にやらせようとします。その結果、自分の教えた通りにならないと怒ります。そしていつの間にか自分と部下の心理的距離が遠くなってしまうのです。これが部下の状況を考えないで、何でもかんでも「答えを教えたがる」リーダーです。

実は「教えたがる」と、「教える」ということはまったく別のことです。この区別も踏まえ、リーダーの4通りの関わり方を次表に示します。

つまり、①のような状況の部下に対しては「教える」ということが、どうしても必要になってきます。しかし、②～④のような部下は違います。にもかかわらず、すべての

関わり方	役　割	部下の状況
①「教える」	ティーチャー役	部下の知識や技術がまだ低く、まずはやってみるという経験が必要な状況のとき
②「助言する」	アドバイザー役	部下の知識や技術がまだ低く、密接に関わりながら経験を積ませるような状況のとき
③「分析する」	コンサルタント役	部下の知識や技術がある程度あり、部下が自立的に進められるような状況のとき
④「受容・共感する」	カウンセラー役	部下の知識や技術がある程度あり、部下自身の力で高いハードルを乗り越えなければならないような状況のとき

部下に対し、「教えたがる」リーダー、つまり安易な答えを与えるだけのリーダーがいます。これはとても残念なことで、ある意味、部下が自分自身の中に答えがあるのに、それを見つけ出す力を阻害しているようなものです。

たとえ②の「部下の知識や技術がまだ低く、密接に関わりながら経験を積ませるような状況のとき」であっても、リーダーは部下に「答えを自分で見つける旅」に出さなくてはなりません。②の部下の場合は、答えを出すのに特に時間を要することがあります。密接に関わっていても「どうしたらいいのか分からなくなりました」ということが時々起こります。ここでリーダーは「答えは必ず部下の中にある」と強く信じないと、答えを与えたい衝動に負けてしまいます。それは、答えを与えたほうが、部下も自分もその場では一瞬楽になれるからです。しかし、ここはまさしくリーダーの我慢が試されるときなのです。

「どうしたらいいのか分からなくなりました」と言われたら、「どうしたらいいか分かるようになるために、どんな行動を起こせばいい？　私が手助けできることはどんなこと？」と聞き返せばよいのです。

仮に部下から「過去3年分の資料を見直し、そこからヒントが得られるかもしれません」と返ってきてから、「2年で十分だと思うよ」とか「いや5年ぐらいさかのぼらないと難しいかもね」といった「助言する」：アドバイザー役になればよいのです。

また③や④のような部下に対しは、「部下から引き出す」ことがリーダーには求められます。

③の部下の場合は、仕事が円滑になるための「行動」を引き出すことがメインになるでしょう。例えば「まずは、どこからはじめる予定？」「一言で表わすと、結果がどうなればいいと考えている？」というような質問をし、答えを引き出すコンサルタント役になるのです。

④の部下の場合は、仕事が円滑になるための「感情」や「意思」を引き出すことがメインになるでしょう。例えば、「当社に何を期待して依頼されたのか、もう一度聞かせてもらえる？」「この困難な状況を乗り越えられたら、何が得られる？　何が待っている？」という質問をし、答えを引き出すカウンセラー役になるのです。

このように、的を射た質問をされると、私たちはいやでも考えさせられます。自分の頭で、心で考えることが本人の成長につながるのです。よって、リーダーは安易な答えを部下に与えることよりも、部下の成長につながる「質問」をするスキルが求められるのです。

22 リーダーはまずは2種類の質問を使い分ける

ここでは質問の種類を紹介し、できるだけリーダーの「質問を作り出す力」を高めたいと思います。

質問は大別すると、「閉じた質問：クローズドクエスチョン」と「開いた質問：オープンクエスチョン」に分けられます。

「閉じた質問」	質問を投げかけた相手がどちらかを選び答えられる質問です。	Q：朝食はごはんですかパンですか？
「開いた質問」	質問を投げかけた相手が自由に答えられる質問です。	Q：朝食は何を食べるのですか？

この2つは、どちらが「良い、悪い」「使いやすい、使いにくい」といった問題では

なく、それぞれのメリットとデメリットをよく知り、使い分けるということが重要なのです。ということで、次にそれぞれのメリットとデメリットを述べます。

	「閉じた質問」	「開いた質問」
メリット	事実や意見が明確になる	５Ｗ２Ｈが明確になる
デメリット	使い過ぎたり、使う場面を選ばないと詰問調になりやすい	「なぜ：Ｗｈｙ」を使い過ぎたり、使う場面を選ばないと相手を委縮させる

まずは「２種類それぞれのメリットとデメリットを理解したうえで使い分ける」ことが大切ですが、次に大切なのは、目的を持って質問を作り出すことです。

リーダーは、部下にどのような目的で質問をするのか、その意図を明確にすることによって、質問を上手に作り出すことができるようになります。次は、リーダーが部下に対し、どのような目的で質問することが多いか、その目的をいくつか考えてみたいと思います。

目的	具体例
①部下の仕事について、具体的に知りたい	「具体的にどのようなやり方をしようと考えているの?」など
②部下の問題や課題を明確にしたい	「具体的に何が起こっているか聞かせてくれる?」など
③部下の問題や課題を特定したい	「どこが一番ネックなの?」「何が・どこが障害になっているの?」など
④部下の視点を変えたい	「他のやり方を検討するとしたらどんなこと?」など

⑤部下のリソースを引き出したい	「いくつかの方法があるとしたらどんなことが考えられる？」など
⑥部下のゴールを一緒に考えたい	「具体的にどうなれば成果があったと言えるの？」など
⑦部下の気づきを促したい	「それを実現するために一番大切なことは何？」など
⑧部下の目標を達成させたい	「それを達成できたらどんなことが身につくの？」など

いかがでしょうか。一口に「質問する」といっても、これだけさまざまな目的が存在し、さまざまな投げかけ（質問）が存在します。

部下と質の高い会話を目指すリーダーであれば、まずは、リーダーが目的や意図に合った「質問を作り出すこと」からはじめてみてはどうでしょうか。

23 「なぜ」「どうして」連発リーダーはパワハラに移行しやすい

もうお気づきの読者も多いと思いますが、ほとんどの質問は「な」か「ど」ではじまります。

私は個人的に「相手の自発性を高める〝な〟〝ど〟ではじまる質問」と、その逆で「相手の自発性を奪いかねない〝な〟〝ど〟ではじまる質問」に分けています。

「相手の自発性を高める〝な〟〝ど〟ではじまる質問」
「どのように」「どこが」「なにがあれば」「どんな」「どうすれば」「どうしたら」「なにをすれば」
「相手の自発性を奪いかねない〝な〟〝ど〟ではじまる質問」
「なぜ」「どうして」

この使い分けを意識したのが、104～105頁で列挙した例です。

「具体的にどのようなやり方をしようと考えているの？」

「具体的に何が起こっているか聞かせてくれる？」

「どこが一番ネックなの？」「何が障害になっているの？」

「他のやり方を検討するとしたらどんなこと？」

「いくつかの方法があるとしたらどんなことが考えられる？」

「具体的にどうなれば成果があったと言えるの？」

「それを実現するために一番大切なことは何？」

「それを達成できたらどんなことが身につくの？」

いかがでしょうか？

次は、相手の自発性を奪いかねない「なぜ」「どうして」を使った場合と、相手の自発性を高める「な」か「ど」ではじまる質問を使った場合で、どれぐらい印象が違うか、部下に対する届き方が変わってくるかを例にあげてみます。

A	リーダー	「なぜお客さまへの提案が苦手なの？」
	部下	「なぜと言われましても……経験が浅いもので……」
	リーダー	「そんなことだから目標が達成できないんだよ」
B	リーダー	「どうしてお客さまへの提案が苦手なの？」
	部下	「自分なりに努力しているつもりなのですが……」
	リーダー	「努力？　どこしているか全然分からないね」
C	リーダー	「お客さまへの提案がスムーズにできるためには、自分なりにどうすればいいと思う？」 「お客さまへの提案がスムーズにできるためには、自分なりにどうしたらいいと思う？」
	部下	「先輩にお客さま役になっていただき、何度か練習してみようと思います」
	リーダー	「そうか、それはいい方法だね。自信がついたら私にも一度見せてください」
	部下	「はい、お願いします！　早くお見せできるようがんばって練習します！」

D	
リーダー	「お客さまへの提案がスムーズにできるためには、何が必要だと思う?」
	「お客さまへの提案をスムーズにするためには、何があればいいと思う?」
部下	「先輩に同行していただき、改善点をご指摘いただきたいと考えています」
リーダー	「実際に見てもらうのが一番だね。厳しい指摘を受けるかもしれないが、それが必ず成長につながるからね」
部下	「はい、私もきっと成長につながると信じています!」

いかがでしょうか?　同じ質問でもA、Bの例のように「なぜ」「どうして」を使うと、部下の自発性を奪うどころかパワーハラスメントに移行しやすいといわれています。それは「なぜ」「どうして」という質問を、使う側のリーダーの意識と、質問される側の部下の意識にギャップがあるからなのです。

リーダーは部下に「説明」を求める意味で「なぜ」「どうして」を使うのですが、質問された部下の方は、「責任」を迫られている「なぜ」「どうして」と受け止める傾向があるからなのです。

ご存じの方も多いと思いますが、ハラスメント（いやがらせ）は、パワーハラスメントでもセクシュアルハラスメントでも、「受け取った側がどう感じるか」で決まります。ということは、パワーハラスメントのつもりで「なぜ」「どうして」と言ったわけではない、という言い訳は通用しないのです。

リーダー自らが発した「なぜ」「どうして」によって、「そんなことだから目標が達成できないんだよ」「努力？　どこしているか全然分からないね」というパワーハラスメント寄りの言葉につながってしまうのです。「なぜ」「どうして」を使っていけないというわけではありません。ただ、部下との会話を「なぜ」「どうして」からはじめることや、「なぜ」「どうして」を多用することは避けたほうがパワーハラスメントにならないと思います。

ただ、「なぜ」「どうして」をあえて使わなければならない場面もあります。

例えば、職場で大きなミスが起こった、信じられない事態が起こった場合は、職場の全員で「なぜ」「どうして」を真剣に考えなければなりません。「なぜこのような大きなミスが起きたのか」「どうしてこのような事態にまでなってしまったのか」という深い自問自答が求められます。

つまりパワーハラスメントになるような、個人に「責任を押しつける、責任を迫る」使い方ではなく、組織として「きちんと原因を追及するため」の「なぜ」「どうして」であれば問題はないのです。

また時系列でこれらの質問を分類するのであれば、「なぜ」「どうして」は過去にさかのぼる質問で「過去質問」といえます。一方、「なにがあれば」「なにをすれば」「どうすれば」「どうしたら」という質問は、未来を尋ねている質問で「未来質問」といえます。

この質問自体が、過去を向いて発せられているのか、未来を向いて発せられているのか、という違いが、受け止める側の印象の差を生んでいるものと思われます。

どちらが良くて、どちらが悪いという問題ではなく、リーダー自身がどのような意図を持って部下に質問しているのか、それが認識できていることが重要ではないかと思います。

24「質問」するとどのような効果があるか

私は、プライベート以外は「話す分量配分」をあらかじめ決めてから相手と話すように心がけています。例えば、「今日は相手のご要望を十分聞くことが目的なので、相手に8割話してもらって、自分は必要な質問だけ2割する」といった具合です。こうしないと、相手にたくさん話をしてほしいのに、講師という職業柄、つい自分が話し過ぎてしまうことがあるからです。

しかし、そう決めていったときに限って相手があまり話さないことがあります。「過去の研修で効果が出なかった原因が何かあったのでしょうか？」と私が質問したら、相手が沈黙したことがありました。普通だったら、その沈黙に戸惑ったり、すぐに別の質問に切り替えたりするのでしょうが、私は「沈黙には意味がある」とカウンセラーの訓練で教わっていました。

「沈黙には意味がある」以上、相手の答えを基本的にはじっと待ちます。カウンセラーの訓練では、3分ぐらいは平気で待てるようなトレーニングをするのですが、これが実に長く感じるのです。

私はカップラーメンができ上がるイメージや、ウルトラマンが敵を倒し宇宙に帰っていくイメージをしながらじっと耐えたものです。このようなトレーニングをする目的は、相手が沈黙するということは、相手が「少し考えさせて、考えをまとめさせて」というサインであり、カウンセラーとしてそれをしっかり受け止めることができるようになるためです。

ということで、相手が沈黙した場合は、じっと相手が口を開くまで待つことが大切です。私もその相手には「私が研修プログラムを考えるうえでも大切なことですので、どうぞゆっくりお考えください。それまでお待ちしますので何ら問題ありません」と伝えます。そうすると相手は必ず数分後に、しっかりと考えをまとめてから話をしてくれます。

まず私が「質問を投げかける」、次に「相手が答える」というときでも、「相手が沈黙する」ときでも、相手にはいったい何が起こっているのでしょうか？　それは「人は質問を投げかけられると、自ら思考し動き出す」ということが起こっています。

そのため、質問は部下の「自発的な行動」や「自立的・自律的な態度」を引き出すといわれているのです。
これまでどのスキルでも、ほんの数秒、数分でできることにこだわってきましたので、質問スキルも同じです。多分、10秒以内で効果的な質問をすることは可能だと思います。そこであらためて「部下の中に答えがある」と信じ、それを引き出す質問の効果を、7つにまとめてみました。

【引き出す質問の7つの効果】

①部下が自分で答えまでたどりつく手助けや刺激になる
②部下が自分で解決できるヒントを与えられる
③部下に気づきを与えることができる
④部下の思考や感情を整理する手助けになる
⑤部下に意味や意義を考えさせることができる
⑥部下が自分では認識していない知識や技術を引き出すことができる
⑦部下の自発的な行動を促すことができる

これ以外にも、たくさんの効果が期待できると思いますが、やはりリーダーが目的を持って、それにふさわしい質問を作り出すことのほうが大切だと思います。

しかし一方では、いくら質問を作り出して部下に投げかけても「手ごたえが感じられない」という声も聞かれます。これはどうしてなのでしょうか？

それは、リーダーが「部下の中に答えがある」と、どんなに信じていても、部下の側が「リーダーが答えを持っている」、または「リーダーが持っている答えが正しい」と思っていると、７つの質問効果は残念ながら期待できません。

何よりも大切なのは、部下が「当事者意識を持って仕事をすること」、これが前提にないと質問の効果は発揮されません。よってリーダーは、普段から部下に対し、当事者意識を持たせたうえで質問を上手に投げかけてほしいのです。そうすれば、必ずや部下の成長に役立つと思います。

25 「質問」が有効でない場面

ここまで、質問がいかに部下の自発性を引き出し、成長を促すかを述べてきましたが、実は質問が有効でない場面もあるのです。それは主に次の2つの場面においてです。

1つは、99頁でも触れましたが、部下が知識や技術がまだ低く、まずはやってみるという経験が必要な状況のとき、つまりリーダーが「教える」＝Teacher：ティーチャー役を担わなくてはならない場面です。このような、いわゆるまだ成長過程にある部下、知識や技術が未熟な段階にある部下には、使っていけないわけではありませんが、それなりの配慮が必要です。

例えば、「相手がすぐに答えられる質問からはじめる」ことです。冗談でも「どんなビジョンを持っているの？」などと唐突に聞いてはいけません。「A社の担当になってもう3か月だね。どれぐらいの頻度で行っているの？」といった、まず身近な「小さい質問からする」こと、次に「必ず答えられる質問をする」ことです。つまり部下が抵抗なく答えられるようにする配慮が、「相手がすぐに答えられる質問からはじめる」ということです。

2つ目は、お客さまや相手が「即答」を求めているような場面です。これは考えれば当然のことで、部下がお客さまや相手から「即答すること」を求められているのに、質問を投げかけ、考えさせている暇などありません。相手が代案を求めているのに、リーダーが「良い代案を提示するためには何が必要？」などと部下に質問している場合ではないのです。即、代案を提示しなくては仕事にならないからです。

したがって、質問は「いつでも、どこでも、誰にでも、どんな場面でも」通用するわけではありませんが、ある意味、使い方によっては他のスキルよりもとても刺激的です。

あるリーダーが究極の質問として使っているのは、「私に一番何をしてほしい？」という質問だそうです。そうすると部下は喜んで、「これだけはお願いします」とはっきり意思表示をするそうです。こうしたやり取りが、部下との信頼関係に結びつくような気がします。

第5章

たった「15秒」でやる気を刺激するほめるスキル

26 ほめられ方、3タイプ

部下に対して、「何でもいいからほめる」もしくは「ほめまくれば人は喜ぶ」と、勘違いをしているリーダーを見かけることがあります。実は、それは「ほめる」のではなく、おそらく、「おだてる」または「こびる」という行為に当てはまります。

では、「ほめる」と「おだてる」と「こびる」の違いは何でしょうか？　この違いを明確にしておきたいと思います。

「ほめる」	事実に基づき、相手の優れているところを認め、言葉で伝えること
「おだてる」	事実ではないことを、あたかもたたえているかのように言うこと
「こびる」	相手に気に入られるようにふるまうこと

「ほめる」とは、事実に基づくのですから、まずは部下の仕事ぶりをよく観察していなければ事実に基づけません。さらに部下がどのような仕事をしているのか、その仕事内容も把握していないとほめることはできません。

つまり部下をよく見て、かつ知らないと、なかなかほめられないということです。

私の経験でも、私の仕事ぶりを見てもいないし、知ろうともしない上司から、「最近がんばっているね」と声をかけられ、内心、全然嬉しくなかった記憶があります。「がんばっているね」という言葉自体は悪くないのですが、「普段、私のことなど気にかけてもいないのに、どこをがんばっているのか知っているのだろうか？」「おだてて何か大変な仕事をさせようとしているのではないか？」などと疑心暗鬼になったものです。

このように、何を指してほめているのかが分からないほめ方をされると、「ほめられた」のではなく、リーダーに「おだてられた」と部下は受け取ってしまうのです。

ほめることは、リーダーの「自己満足」でほめるのではなく、部下、つまり「相手満足」でほめなくてはなりません。つまり相手がどう受け止めるかが重要で、そう単純なスキルではないのです。

では、「ほめられること」を相手はどのように受け止めるのでしょうか？　その受け止め方は、大きく分けて3タイプあるといわれています。みなさん自身はどのタイプでしょうか？

ウェルカム派	いつでも、どこでも、だれからでもほめられれば基本的に嬉しい ほめられた内容が多少的外れでも嬉しい
限定派	ほめられれば何でもよいわけではなく、自分がほめられたいことを言われると嬉しい ほめられたい人やそうでない人、ほめられたいことやそうでないことなどの限定付き
NOサンキュー派	ほめられること自体が苦手だ 過去にほめられてイヤな思いをしているので好きになれない

このように自分に当てはめて考えてみても、一口にほめるといってても難しいことが分かると思います。また部下がこの３つのどのタイプかを見分けるのも、実は簡単なことではないと思います。本人自身が本当のところ、どう感じているのかも分からないのですから。

ですから、どの部下にもある程度通用する「ほめ方の基本」、を身につけてほしいのです。

もちろん、「ＮＯサンキュー派」の部下であっても、「ほめ方の基本」をしっかり身につければ、ほめることは可能です。ほめられること自体が苦手な「ＮＯサンキュー派」は、過去に、「ほめ方の基本」を知らない誰かにほめられ、イヤな思いをした経験があるのだと思います。それならば、正しいほめ方をすれば、ほめたことを自然に受け取ってくれる可能性が高いのではないでしょうか。

ということで、次からは「ほめ方の基本」を紹介します。

27 ほめ言葉を10種類以上持つ

みなさんは、「ほめ言葉」をどれぐらい持っているでしょうか？　または、「ほめ言葉」をどれぐらい使っているでしょうか？

私が研修の中で、「ほめ言葉をできるだけあげてください」という実習を行うと、多くの人は5つぐらいしかあげられません。この結果は、実習時間を長くしたからといって、数が増えるわけでもありません。3分でも5分でも結果は変わらないのです。ということは、時間の問題ではなく、そもそも「持っている言葉数が少ない」ということが問題なのです。

リーダーが部下をほめる場合も同じで、そもそも「ほめ言葉の種類をどれぐらい多く持っているか」が重要になってきます。ほめ言葉の種類が少ないと、おのずと同じ言葉で部下をほめることになります。そうなると、「またその言葉ですか？　それ何度も聞きましたけど？」と、部下のほうもうんざりしてきます。

前述の通り、ほめられること自体が苦手な「ＮＯサンキュー派」という部下は、ある一定数存在します。その人たちは、ほめられてイヤな思いをした経験があると述べましたが、その経験の中に、もしかしたら「同じ人から、同じ言葉で、何回もほめられた」ということがあったのかもしれません。同じ人から、同じ言葉で、何回もほめられたら、誰でも「NOサンキュー派」になってしまう気持ちも、分からないわけではありません。

リーダーが「ほめ方の基本」として一番に身につけてほしいのは、「ほめ言葉の種類をある程度持つこと」です。できれば10種類以上持つことをおすすめします。

理想は、部下一人ひとりに合ったほめ言葉を使い分けられることでしょうが、そこまでがんばる必要はないと思います。

まずはほめ言葉の種類を増やし、いつも同じ言葉でほめない、「違った言葉でほめる」ということを実践していただければと思います。

28　ほめ言葉40

みなさんにより多くのほめ言葉を使ってほしいので、40種類のほめ言葉を次にご紹介します。

ほめ言葉の数が少ない日本人にとっては、少し気恥ずかしい言葉もありますが、積極的に使っていただきたいと思います。

なお、あえて2つに分けました。「上」は能力がまだ身についていない部下、つまり新人や若手社員に響きやすい言葉です。「下」は能力に対するほめ言葉ですので、中堅やベテラン社員に響きやすい言葉です。

【態度】

1　礼儀正しいね
2　気持ちよく挨拶するね
3　明るく人と接するね
4　いつもさっそうとしているね
5　いつもすがすがしい態度だね

【能力】

24　いい視点だね
25　決断力があるね
26　判断力が高いね
27　よく考えているね
28　考えるポイントがいいね

＜ほめ言葉40＞

【取り組み姿勢】
6 きちんとやりとげたね
7 フットワークがいいね
8 さすが時間通りだね
9 好調だね
10 たくましくなったね
11 細かい気配りをしているね
12 行動力があるね
13 努力家だね
14 がんばりがすごいね

【文書】
15 センスがいい文章だね
16 文章の構成がいいね
17 このレポート見やすいね
18 このレポート説得力があるね
19 中身をよく練っているね
20 見事にセットしてくれたね

【話し方】
21 話の切り出しが上手だね
22 いつもさわやかな話し方だね
23 話が分かりやすいね

29 アイデアが豊富だね
30 話題が豊富だね
31 いろんな情報を知っているね
32 頭の回転が速いね
33 仕事の勘がいいね
34 賢いやり方だね
35 君に任せておけば大丈夫
36 気を利かせてくれたんだね
37 行き届いた仕事をするね
38 周りのことをちゃんと考えているね

【万能な言葉】
39 安心して見ていられるよ
40 「ありがとう」助かるよ

29 リーダーは無理をしてまでほめない

「ほめ方の基本」で次に身につけてほしいことは、「無理にほめない」ということです。前述の通り、ほめられること自体が苦手な「NOサンキュー派」もいますし、リーダーが無理にほめて、それが「おだて」になってしまっては元も子もないからです。

無理してほめるぐらいだったら、61頁の「肯定」を使ってください。なぜならば、無理にほめると、ほめたことが裏目に出る場合があるからです。特に、新人や若手社員は、ほめることに対し、個人差はあるものの、次表のような、リーダーとは違った〝独特〟の受け止め方をする場合があります。

特に、傍線部のような評価や判断寄りの言葉（次頁表参照）を、ほめ言葉のつもりで使った場合は、このように、受け止め方がひっくり返る場合があります。ここまで正反対の受け止め方をするのか、これは特別な感じ方をする部下の場合で、例外ではないか、と思われるかもしれません。しかし、私がヒアリングをした限りでは、個人差はあるものの、例外でも特別な感じ方でもありません。若手になればなるほど、こうした受け止め方をする人が増えてきています。

リーダー	リーダー	リーダー
「報告書、仕上がるの早かったね」	「企画書、良くなったよ」	「提案営業が、できるようになったんだ」
部下の受け止め方	部下の受け止め方	部下の受け止め方
「今まで遅かったんだ……やっとリーダーの求める早さになったんだ」	「今までいまイチだったんだ……やっとリーダーの求めるレベルになったんだ」	「今までできていないと思われていたんだ……やっとリーダーの求めるようにできるようになったんだ」

これは、ほめられたことを素直に受け止められないといった気持ちの問題ではなく、今の若手社員が持つ思考の特徴なのです。

厳しい経済環境を背景に、就職活動を経てきた若手社員は、物事を楽観的には受け止めない傾向があります。特に自分の評価に対しては、いたって冷静で慎重な受け止め方をします。したがって、たとえ相手から「早かった」「良くなった」「できるようになった」と言われても、一瞬、「それホントかな?」と冷静に、慎重に考えるのです。そして「もしかしたらそれは逆のことを言われている可能性もある」と考えるのです。

何度も言いますが、これは決して例外ではなく、みなさんの周りにいる若手社員が思うこと、考えていることなのです。私の個人的な見解になりますが、これは「物事を素直に受け止められない」という気持ちの問題ではなく、「両面を吟味する」という思考の問題なのだと思います。

つまり相手は、「良い意味でほめているのか」、それとも悪い意味＝「やっとそうなったか、という意味でほめているのか」という両方を吟味して考えるのです。こうした両面思考は、冷静に、慎重に物事を判断できるという能力にもつながりますから、普段は大いに役立っています。しかし、こうした思考をすべての事柄に当てはめてしまうと、今度は自分が苦しくなってきます。

昨今の若手社員は元気がない、積極性が足りないといわれる所以《ゆえん》は、実はこのような慎重な思考が自分を追い込んでいるので、周りからそう見えるのではないかと思っています。

ほめる難しさは、こうした若手社員の独特な受け止め方だけに限りません。実は中堅やベテラン社員にはまた違った意味で、ほめる難しさがあります。

それは、ほめると、どうしても「操作性」が垣間見えてしまうのです。「操作性」とは、「ほめておいて、自分をどうにか思い通りにコントロールしたいんでしょう」という、相手の意図が透けて見えてしまうことです。この透けて見える「操作性」は、中堅やベテラン社員のほうが、感じやすいので難しいのです。

では、これらすべての部下を、いったいどうほめればいいのでしょうか？

そう迷われているリーダーは、どうぞ次を参考にしてください。

30 部下と「一緒」だった時に〝すぐに〟ほめる

どうほめれば、若手は素直に受け取ってくれ、中堅、ベテランは操作性を感じないのでしょうか？　そして、ほめたことに対し、どうしたら満足してくれるのでしょうか？

それはずばり、「部下と一緒だった時に〝すぐに〟ほめる」ことです。

取引先に〝一緒〟に同行した、会議で〝一緒〟に参加した時に、実際に自分もその場に居合わせた中の出来事をほめるのです。

例えば、取引先へ一緒に同行した帰り道、「いいタイミングで資料を出し、説明に入ったね」とか、「お客さまが気になっているところ、丁寧に説明できていたね」といった具合にほめるのです。または、一緒に参加した会議の終了後、「企画書、分かりやすくまとまっていたね」とか、「質疑応答が的確だったね」といった具合にほめるのです。

つまり、実際に自分が「見たり、聞いたりしたこと」に基づいてほめるということです。こうすれば、部下は「どの場面の、どこを、どのようにほめられたのか」が明らかなので、ほめ言葉を素直に、自然に受け取れるのです。変な操作性など、感じることもありません。

そもそも「ほめる」とは、「事実に基づいて優れているところを認め、言葉で伝えること」ですから、部下と〝一緒〟の時こそが、一番の「ほめ時」であり、「事実に基づける時」なのです。この時をリーダーは逃してはいけません。

しかし残念なことに、この「ほめ時」を分かっていながら、ほめていないリーダーが意外と多いのです。

部下の優れているところに気づいているにもかかわらず、きちんと言葉にして伝えていないリーダーです。部下と一緒にもいるし、優れているところに気づいてもいるのに、言葉に出さないのです。それは照れくさいのか、言葉にするのが面倒なのか、仕事の続きの話をすることが優先なのか分かりませんが、実にもったいない話です。

取引先への同行のあと、会議に参加したあと、せっかちなリーダーは「この後、請求書はいつ送るの？」とか「関係部署へすぐ連絡しておいて」とか、仕事の続きを話し出します。すぐに部下とその仕事の続きを話したい、という気持ちは分かります。しかし、ほめることは、「鉄は熱いうちに打て」といわれているように、「その場ですぐに」であれば、抜群の効果が期待できるのです。

仕事の話の続きは、会社に戻ってからでも、デスクに戻ってからでもできます。しかし、ほめることは、会社に帰ってから「ほめ直す」とか、デスクに戻ってから「あらためてほめる」とかでは、おかしいのです。こうなっては、操作性が透けて見えてしまいます。

ほめることよりも先に、こうした仕事の話の続きをするのは、優秀なリーダーにありがちな傾向ですので注意が必要です。

また、昨今の職場では、個人が自己完結型の仕事スタイルをとっていて、職場のメンバーが一緒に仕事をするという機会が減ってきました。ということは、リーダーにとっては、「部下と一緒のほめ時」が確実に減ってきているということです。

ですから、ほめるということを、普段の仕事の中で相当意識しないと、ほめられない職場環境になってきているのです。こうした環境に甘えているリーダーは、「ほめたくても、そもそも機会がない」という言い訳に走りがちです。

そうならないためにも、極力、部下と一緒の時は、「どこが伸びたかな?」「どこが成長したかな?」「どこがほめるところかな?」といった目線で部下を見てください。あらかじめ「着目」する、という意識を持って部下を見るということです。

私は最近、ようやく自分の好みに合ったパスケースを買うことができました。自分の好み通りのパスケースを手に入れるまでの数か月、他人のパスケースがなぜかよく目に入ったものです。気になるというよりは、自然に目がいってしまうのです。これは「着目」＝「好みのパスケースがほしい」ということが意識の中にあったからです。

部下をほめるときも同じではないでしょうか。

「一緒のときがほめ時だ！」「終わったらすぐほめるぞ！」と、あらかじめ着目し、意識をして部下との時間を共有するのです。

そうすれば、部下の優れているところが必ず見えてくると思います。

31 リーダーが「ほめる」とどのような効果があるか

ここまで「ほめ方の基本」として、①ほめ言葉を10種類以上持つ、②裏目に出るぐらいだったら無理してほめない（肯定で十分）、③一緒の時にすぐにほめる、以上の3つを述べてきました。

ここであらためて、ほめることにはどのような効果が期待できるのか、を考えてみます。

一般的に、「ほめるとやる気が増す」といわれています。一足飛びにやる気が増すのか？といわれれば、少し疑問が残りますが、ほめることは、部下のやる気を促すことにつながるのは間違いないと思います。

このやる気を促す効果はもちろんですが、ほめる効果は、ズバリ、「再現性が増すこと」だと私は考えています。では「再現性」とは何でしょうか？

心理学でいう「再現性」とは、「単純にまた明日やろう」もしくは「また同じことをやろう」という気になり行動することです（科学の分野での再現性とは違う意味です）。

例えば、エレベーターで新入社員と一緒になったとします。あなたは「その元気な挨拶を聞くと、今日もがんばろう、という気になるよ」と言ったとします。これは前述した通り、「一緒の時にすぐに」に当てはまる、正しいほめ方です。するとどうでしょうか、新入社員は、単純に「この元気な挨拶をまた明日もやろう」「同じ挨拶をまたやろう」と思い、行動に移すはずです。これが再現性です。

個人的な見解ですが、ほめる内容はこのように「シンプルなこと」「軽めのこと」のほうが向いていると思います。こうした、元気な挨拶とか、感じのよい電話応対とか、字がきれいだ、といったシンプルなことです。なぜならば、シンプルなことのほうが再現しやすいからです。複雑なことをほめるのも悪くはありませんが、複雑なことを再現するのは難しく、ハードルが高くなってしまいます。またシンプルなことのほうが、リーダーもほめやすく、部下も再現しやすいので一石二鳥だと思います。

シンプルに「ほめること」は、15秒ぐらいしかかかりません。たった15秒で、再現性が高まり、やる気につながるのであれば、リーダーはどんどん部下をほめてほしいと思います。

32 「ほめること」が有効ではない場面

最後に、ほめることが効果的ではない場面を考えてみます。

ほめることとは、「ほめたことの行動に対し再現性を持たせられる」、つまりやる気を促すことにつながります。やる気は「何らかの報酬があるからやる気になる」ともいわれています。

このやる気を促す報酬には、「内的報酬」と「外的報酬」の2つがあります。

「内的報酬」とは、自分の内側からわいてくる自発的な気持ちのことです。例えば、そのことが「好きだから、やってみたいから、やりがいがあるから、夢中になれるから」などがそれに当たります。一方、「外的報酬」とは、外側からの刺激によって喚起された気持ちのことです。例えば、それをすれば「ほめられるから、金銭的に満たされるから、自分の評価が上がるから、他人との差別化になるから」などがそれに当たります。

ほめることが効果的ではない場面は、部下が「内的報酬」により行動を起こしているときに、「外的報酬」でほめてしまうことです。例えば、部下が得意とする分野に熱心に取り組んで仕事をしているとします。リーダーであるあなたは、「得意分野で思い切り実力を発揮してくれよ。そうすれば昇格が早くなるぞ」と、ほめたとします。部下はどう感じるでしょうか？　きっと「昇格が早くなるためにやっているわけではないのに……」と残念に思うはずです。

部下が明らかに「内的報酬」により行動を起こしているときは、「得意分野で思い切り実力を発揮してくれよ。楽しみにしているよ」だけでいいのです。

そもそも「内的報酬と外的報酬は競争する」、といわれていて、一方が強くなると一方が弱くなり、一方が弱くなると一方が強くなるという傾向を持っています。「内的報酬優位」でしている行動に、変な「外的報酬」を加え続けると、「外的報酬」ばかりが刺激され、「内的報酬」が小さくなってしまうのです。

部下が「好きだから、やってみたいから、やりがいがあるから、夢中になれるから」と思ってやっているときに、外的報酬でほめることは、ふさわしくないということです。

第6章

たった「1分」で部下が納得する叱るスキル

33　叱る目的って何ですか

ＯＪＴ研修をすると、叱ることに関する質問をたくさん受けることがあります。それほどリーダーにとって、叱ることは難しくなってきているのだと思います。そんな中で必ず出る質問が、「部下を叱ったら、部下が落ち込んでしまい、そのあと、どのように声をかければよいのか、どう対応すればよいのか迷います」という質問です。

私はこれらの質問に対し、２つの返答をしています。

①部下が落ち込んだからといって、特にこれといったことをする必要はありません

パワハラだと言われたとか、叱られて出社してこない、といったレベルでなければ、別段、対応が必要なことではないと考えてください、と返答します。

②本来、叱る目的は、部下が「落ち込んだかどうか」ではありません

叱る、本来の目的、「的」をしっかり定めましょう、と返答します。

そもそもみなさんは「なぜ部下を叱る」のでしょうか？

・同じミスや失敗を繰り返してほしくない
・周囲が困るような行為をやめさせたい、もしくは変えてほしい
・責任感を持って最後まで仕事をやってほしい
・相手のことを考えてから行動してほしい　　などなど

これらに共通することは何か？　つまり、叱る目的はたった一つです。
「部下の行動や考え方を修正すること」なのです。

・「同じミスや失敗を繰り返さないように行動を修正する」ために叱る
・「周囲が困るような行為を修正する」ために叱る
・「責任感を持って最後までできるように修正する」ために叱る
・「相手のことを考えてから行動できるように修正する」ために叱る

このように叱る「的」が、部下の「行動修正」であるならば、部下が「落ち込んだか

どうか」は的ではない、ということが分かると思います。

特に男性リーダーは、部下が女性だったりすると、落ち込ませていないかどうかを、男性部下以上に気を使う傾向があります。しかし、気を使うのは性差でも、落ち込み度合でもありません。リーダーが叱った内容に対し、きちんと部下の行動が修正されているかどうか、という部下の「行動修正」に着目してほしいのです。

同じミスをしていないか、周囲に迷惑をかけないように期限を守っているか、仕事を途中で放り投げずに最後まで担当しているか、自分の都合だけ押しつけないで相手の都合も聞き調整しているか、など、リーダーが叱ったことに対し、部下の行動修正をきちんと見届けてほしいのです。

そして、前述した通り、たとえ落ち込んでいたとしても、特にリーダーは何もする必要はないのです。リーダーは、いつもと何ら変わらない態度で部下に接してください。普通に挨拶をし、普通に指示を出し、普通に報告を受け、普通に会話をすればいいのです。

そうすれば部下も、徐々に自分の力で立ち直り、二度と叱られないように行動を変えてくるようになります。このように自力で回復し、自力で修正行動がとれるようになるまでの時間は、部下により個人差はあると思われます。すぐに回復し、すぐに行動修正をとれる部下もいれば、そうでない部下もいます。

ただ、回復時間の差、落ち込み度合の程度はあれ、「ある程度落ち込むこと」「叱られた行為を悔やむこと」は、行動修正のためには必要だといわれています。

次では、なぜ「ある程度落ち込むこと・悔やむこと」が必要なのかを、考えてみたいと思います。

34 行動を修正するためには「ある程度落ち込むこと、悔やむこと」が必要

みなさんは、「二度とあのような辛い、苦しい、なさけない、イヤな思いはしたくない」と思った出来事は何ですか。その時、誰でも落ち込み、自分のしたことを悔やみ、そして二度と同じようなことはしないと自分に誓い、行動をあらためたのではないでしょうか?

そうです、人は誰でも、ある程度落ち込み、悔やまないと、自分の行動を自分で修正することができないのです。

例えば、つい飲み過ぎて、同僚に言ってはいけないことを言ってしまい、良好だった関係がいとも簡単に崩れてしまい、関係修復ができなかったとします。

こうなったら、程度の差はあれ、誰でも落ち込むのではないでしょうか。そして、飲み過ぎた自分を悔やみ、言ってはいけないことを言ってしまった自分を悔やむと思います。そして、このような出来事さえなければ良好だった人間関係が、いとも簡単に崩れてしまった原因が自分であることにひどく落ち込むかもしれません。

そして、これ以降「気が許せる相手だからといって、飲み過ぎないようにしよう」「飲

んだ時こそ、言葉に注意しよう」と考えをあらため、二度とそのような行動をとらなくなるのです。

つまり、仕事も同じで、部下の行動を修正させるためには、ある程度、部下が落ち込んだり、悔やんだりすることは「想定内」で、むしろ行動を修正するためには、ある程度必要なことなのだと理解してください。

リーダーがこうした理解のうえに叱るということをしないと、叱ったことに対し、変な罪悪感を持ってしまいます。「悩んだ分だけ成長する」という言葉があるように、「落ち込んだ分、悔やんだ分だけ行動があらためられる」と考えてください。

ただし、必要以上に落ち込ませたり、パワハラになるような叱り方だったり、逆にまったく叱ったことが部下に届かない弱い叱り方では、行動修正になりません。

次は、しっかり部下に届き、かつ行動が修正される叱り方を具体的に紹介します。

35 「説教された」と「叱られた」の違いが分かりますか

ここ数年、首都圏の電車に乗っていると、よく耳にする言葉があります。それは、20代とおぼしき会社員どうしが頻繁に使っている、「説教される」「説教された」という言葉です。

「今日、上司に説教されてさあ」とか、時には乱暴に「部長から説教くらってさあ」といった会話をしているのです。その会話を聞いて私は、「なぜ叱られた」とは言わないのだろう、今の20代の人は「叱られた」という言葉は使わないのだろうか？「そもそも説教とは、良い言葉だったはず？」と考えてしまいました。

そこで、もしかしたら最近の若手社員は、「説教される」と「叱られる」とでは、違う意味で使っているかもしれないと思いました。早速、数人の若手にヒアリングをしてみたところ、驚くことに、今の若手社員の間では、「叱られた」という言葉はほとんど使わないことが分かりました。そして、彼らの年代では、次のようにニュアンスの違いがあることに気がつきました。

叱られた	「叱られた内容に納得ができた」ときは、叱られたと表現する場合が多い
説教された	「叱られている時間が長い、叱られる内容がくどい、叱られ方がしつこい」ときは、説教されたと表現する場合が多い

さらに彼らは、説教になると、「たとえ言われたことが正しくても、納得する気が失せる」と言うのです。ということは、「長い、くどい、しつこく」というだけで、叱ったことが届かず、納得する気が失せる、「説教」というくくりになってしまうのです。

最近の若手社員は、そもそも「叱られることに慣れていない世代」ともいわれていますので、この感覚は分からないわけでもありません。

ではリーダーとして、しっかり叱ったことが若手社員に届くためにはどう叱ればいいのでしょうか？

そのヒントが「長い、くどい、しつこく」に隠されています。「長くなるから、くどくなり、くどくなるから、しつこい」と思われるのです。すべてのはじまりは「長い」ことが原因なのです。

したがって、まずは長くならないことが、「叱られた」⇒「叱られた内容に納得ができた」と思わせる一番のコツなのです。

36 リーダーが1分で叱る構造

特に若手の部下に対して叱る場合は、叱られた内容に対し、納得がいくように、できるだけ短く叱る工夫が必要になってきます。

短い時間で叱る効果はあるのか？　短い時間で叱ったことが本当に届くのか？　と心配されるかもしれませんが、これから紹介する叱り方をすれば大丈夫です。

叱らなければならない〝内容もしっかり伝わり〟、かつ〝部下を追いつめない言い方〟で、説教にもならない〝短い時間（１分）〟で叱ることが可能です。

若手部下が納得する叱り方の具体例を次頁の表にまとめましたので、参考にしてください。

【若手部下が納得する叱り方】

①前置きをする	「横山さん、今、見積書の件で3分ほどいいですか」
②結論を言う	「A物流社の見積書で直してほしい（注意してほしい）ことがあります」
③部下の長所を一言でよいので入れる	「横山さんはいつも手早く仕事をやってくれていますね」
④「ただ私の知る限り（見た限り、聞いた限り）」と言い、根拠を示す	「ただ私が知る限りですが、A物流社への見積書は、許可申請のルール通りではなかったようです」

（①～⑥は言いやすい順番であればこの通りでなくともよい）

⑤主語は「私は」を使い、「〜してほしい、〜ほしかった」と言う	「私は横山さんに、どこに提出する見積書もルール通りに許可申請を行ってほしかったです」
⑥約束を取り付け、前向きになれる一言を添える	「これからはルール通りでお願いしますね。それでは今日も一緒に仕事がんばりましょう」

このような①〜⑥の構造に従って叱れば、よほどの内容でなければ１分〜３分以内で叱ることが可能です。

例えば、次のような簡単な事例でもすぐに応用が可能です。

あなたは新人の鈴木さんに仕事を指示するのですが、完了報告があるときとないときがあります。

何度言っても直りません、あなたならどのように叱りますか？

①前置き	鈴木さん、今、3分ほどいいですか？
②結論	実は鈴木さんにお願いしたいことが1つあります。
③長所を一言	鈴木さんはどの書類についても正確な内容で、安心しています。
④私の知る限りと根拠を示す	ただ、私から見て、仕事の完了報告があるときとないときがあるように思います。 先週の△△と□□の件の報告はなかったと私は記憶しています。
⑤私は～してほしい	私としては鈴木さんに、完了報告はすべて、1つも漏れなくしてほしいと思っています。
⑥約束取り付け・前向き一言	今からよろしくお願いしますね。 それでは続けて仕事がんばってください。

いかがでしょうか？

このような構造にそった流れで叱ったとしたら、1分もかからないのではないでしょうか。たった1分ですが、言うべきことはしっかり言っています。決して曖昧に叱っているわけではないので、納得を得られる叱り方になっていると思います。

このような構造を使い、部下に納得が得られる叱り方をするためには、いくつかのポイントがあります。次は、そのポイントについて詳しく説明します。

37 叱るときでも長所を入れ、必ず「ただ」で逆説を述べる

1つめのポイントは、長所を入れて叱ることです。

叱るのに、長所を入れるの？　とよく聞かれますが、私は長所を入れた方が「叱りやすくなる」と考えています。

なぜ叱りやすくなるのかと言いますと、理由は2つあります。

1つは、長所を入れることによりメリハリがつき、叱りやすくなるからです。

リーダーとして「認めるべき長所はしっかり認め、叱るべきことはしっかり叱る」というメリハリをつけたほうが叱りやすくなると思います。また、叱られる部下のほうも、「叱られたことが自分のすべてではない。リーダーからきちんと認めてもらえる長所もある」と、自分を客観的に見つめる機会にもなると思います。

もう1つは、長所を入れることにより口調や語調が穏やかになり、叱りやすくなるからです。

「叱る」ということは、厳しいことを言わざるを得ませんから、誰でも口調が強くなったり、語気が荒くなったりします。この傾向を、部下の長所を入れることにより、少な

からず軽減することができます。相手の長所を言う時に、強い口調や語調で言う人はいませんから、長所を入れることにより、自然と口調や語調が穏やかになります。

そして、長所の次は、厳しいこと、つまり逆説を言わなくてはなりません。この逆のことを言うときに、「ただ」を使うことが２つ目のポイントです。一般的に逆説は「でも」が使われますが、「でも」はできるだけ避けてください。それは、「でも」はすべてをひっくり返す〝全否定〟になりかねない言葉だからです。それに引き換え、「ただ」は、「ただ、この部分だけは直してください」というように、〝部分否定〟に当たる言葉だからです。

せっかく長所を言ったのに、「でも」で続けると長所がすべて否定されてしまいます。これでは言った意味がありません。「こんな長所もあるからこそ、この部分だけは直してほしい」という意味の「ただ」を使ってください。「長所＋ただ」で叱る、と覚えてください。

38 パワハラになりかねない叱り方は「お前は、あなたは」が主語

部下に納得が得られる叱り方をするための3つ目のポイントは、「パワハラ言語」を避けるということです。

パワハラをする人は、行動や言葉にある特徴を持っているといわれています。その言葉の特徴が「パワハラ言語」と呼ばれるものです。

その代表格が「なぜ、どうして」「〜すべき、当然〜すべき」「お前は、あなたは」の3つだといわれています。まずは、この3つの言葉を避けて叱りましょう。

「なぜ、どうして」は、第4章の23で述べた通り、尋ねる側は、単に説明を求める「なぜ」であったり、事情を知りたいだけの「どうして」であったりしますが、かたや、尋ねられた側は「なぜ、どうして」が、どうしても自分が責められているように聞こえてしまうのです。

また、「〜すべき、当然〜すべき」という言い方がパワハラになりかねないのは、「自分は正しくて、あなたが間違っている」という、決めつけに聞こえてしまうからです。

例えば、「もっと早く報告すべきじゃないか」「当然、報告はすぐに行うべきだよね」と

言う側は、「もっと早く報告してほしかった」「報告をすぐにしてほしかった」という意味で言っているのでしょうが、言われた側はそうはとらないのです。「自分が言っていることは正しい。あなたの方が間違っている」と、決めつけられているように聞こえてしまうのです。

言葉というのは、発する側の意図や思いと、受け手側の受け止め方、感じ方が同じだとは限らないから難しいのです。だからこそ、叱るときはパワハラになりそうな言葉をなるべく避けて叱らなければならないのです。

叱り方で一番注意が必要なのは、「主語」です。パワハラになりかねない叱り方をする人は、主語を「Ｉ：私は」ではなく「Ｙｏｕ：あなた」を好んで使う傾向があります。どうも日本語は、主語を「私は」を使うとその後にポジティブな言葉が続き、「あなたは」を使うとネガティブな言葉が続く構造になっているようです。

次は、この「主語」の選び方について、例をあげながら説明します。

39　主語は必ず「私は」を使い、「I　Want」で叱る

叱るときは、必ず「私は」を主語に使ってください。次の例のように、同じことを言うにしても、「私は」を主語にした場合と、「あなたは」を主語にした場合では、次に続く言葉が正反対になります。

あなたが叱られるとしたら、どちらの叱られ方がいいですか？

叱っている内容は同じなのに、言葉の使い方によって、叱られる側の印象はかなり違うのではないでしょうか？

このように、「遅刻」と「時間を守ってほしい（時間厳守）」は対義語です。「あなた、遅刻してるよね」「お前、遅刻だ」と叱られるか、「私は時間を守ってほしかったです」もしくは、「私は9時までに来てほしかったです」と叱られるのでは、叱られる側の受け止め方、受け止める気持ちが随分違ってきます。主語が「あなた」か、「私」かだけの違いで、これだけの違いが出るのです。

つまり、主語が正反対であれば、それに続く言葉も正反対となり、結果、叱られる側の気持ちも正反対になるのです。

ネガティブな表現	ポジティブな表現
あなたは → 遅刻してるよね！	時間を守ってほしかった ← 私は

ネガティブな表現	ポジティブな表現
あなたの → 仕事の仕方は間違っている！	あなたに正しいやり方でやってほしかった ← 私は

多くの男性は、普段、「私は」という言葉遣いをしないので、違和感を持つ人は多いと思います。しかし、男性リーダーでも女性リーダーでも、叱るときは「部下がどう感じるか、部下にどう響くか、部下がどう受け止めるか」ということを考えるならば、主語は「私は」を使ってほしいと思います。

そして、できれば「私は〜してほしい・ほしかった」という、「I　Want」で叱ってください。

叱るときは、部下に求める望ましい姿、あってほしい姿をそのまま言葉にしてください。そうすると「I　Want」「私は〜してほしい・ほしかった」という表現で叱ることができます。

ただすべての言葉に「対義語」があるわけではありませんし、正反対の言葉がしっくりこないケースもあります。

例えば、締め切りが迫っているのに、一向に急ごうとしない部下を叱るとします。「You」を主語にすると、「(お前)もっと急いで！」となり、語調によってはきつい叱り方になります。「急ぐ」の対義語の「ゆっくり」を使って叱ると、「私はゆっくりやってほしかった」になります。これではおかしなことになってしまいます。

このように、ふさわしい対義語がない場合は「時間」を使ってみてください。「私は5分でその部分を仕上げてほしい」「私はその部分は3時までに終わらせてほしい」というような言い方です。

そしてどのような場合でも、「I　Want」で叱ることを忘れないでください。

40　約束を取り付け、前向きな一言を添える

最後に、叱り終えるときは、「約束を取り付け、前向きな一言を添える」よう、心がけてください。

叱る目的は、行動修正ですから、「次からは……のように行動します」もしくは「次からは……をしません」といった行動を変える約束をしてもらわなくてはいけません。

そのため必ずリーダーは、「次からは……のように行動してください。約束しましたよ」もしくは「次からは……をしないようにしてください。約束しましたよ」という言葉で着地します。

そして、できるだけ部下が、気持ちのうえですぐに仕事に戻れるよう、前向きな一言を添えるようにしてください。叱る時に、どんなに気をつけて言葉を選んだとしても、結果的に厳しいことを言うのですから、少なからず部下の気持ちは瞬間的に落ち込みます。

ですから、落ち込んだ気持ちを少しでも前向きにするような一言を添え、叱り終えてください。例えば、「今日も仕事、がんばってください」「今日も一緒にがんばりましょ

う」などといった、簡単な言葉でよいので、必ず添えてください。実はそれが、部下が自分の席や仕事に戻るサインにもなるのです。

実は私が新人のとき、叱られて困ったことが1つだけありました。それは、謝罪したあと、どのタイミングで自分の席に戻ればよいのかが分かりませんでした。謝罪のあと、すぐに自分の席に戻ってよいものか、もう少しお叱りが続くのか、どのタイミングで切り上げるかが、さっぱり読めませんでした。新人だったせいかもしれませんが、心の中で「ここで席に戻ってもいいのかなあ」「いや、まだお叱りの続きがあるかもしれない」などと考えながら叱られていた記憶があります。

よく叱られている部下が、「すみませんでした」と答え、自分の席に戻ろうとしたら、上司から「まだ終わっていない」とさらに叱られていることがあります。部下は、「もう自分の席に戻っていいよ」という上司からのサインがないと、自分の身の置き場に困るのです。

そうした意味でも、約束を取り付け、前向きな一言を添えて、「これで叱るのはおしまい。戻っていいよ」というサインを投げかけてください。

41 叱るときは立って、V字の位置関係で叱る

リーダーのみなさんは部下を叱るとき、「立って」叱っていますか？　それとも「座って」叱っていますか？

叱る場合は、できるだけ「立って」叱ってください。理由は2つあります。1つは、立って叱ると、当然座って叱るよりも、叱る側は疲れます。こうなると、必然的に叱る時間を短くすることができます。もう1つは、叱られる側（部下側）の受け止める「真剣み」が変わります。多くの日本人にとって「立つ」ということは、入社式で自分の名前を呼ばれて立つ、研修で指名され立って発表するなど、ある一定の「正式さ」を感じさせる行為です。つまり、立って叱られたほうが、「あらたまった印象」になるので、叱った内容に真剣に耳を傾けてくれる可能性が高くなります。

ですから、リーダー自身が短く叱るためにも、部下に真剣に聞いてもらうためにも、叱るときは「立って」叱ることをおすすめします。

同じ立つでも、自分はデスクに座り、部下を自分のデスクの前に立たせたまま叱っている人がいます。これだと、部下はリーダーを見下ろす形になってしまいます。部下と

して、叱られているのに上司を見下すことなどできませんから、叱られれば叱られるほど、うつむき加減になっていきます。それを椅子に座っているリーダーは、おもむろに見上げながら叱り続けます。リーダーのアゴはどんどん上がり、腕組み、足組みが加わり、凄まじい顔つきで部下を叱り飛ばします。こうなると、テレビドラマのワンシーンのようになってしまいます。

部下を叱るときは、リーダーであるあなた自身が立つこと、そして部下も立たせてから叱ることを心がけてください。

次に、どのような場所で叱るのがよいのでしょうか？

「場所を選んでいる場合ではない」「そんなことまで考えていたら叱れない」、と思うかもしれませんが、場所というよりは、「空間」に気をつけて叱ってください。

叱っていることが「周囲にまる聞こえ」にならない空間であれば、どこでもよいのです。誰にも聞かれないということでは個室がよいと思われるかもしれませんが、個室はかえって仰々しく感じる空間でもあります。そうなるとオフィスのどこかになりますが、打ち合わせコーナーでも、パーテーションで区切られた空間でも、場所はどこでもよいのです。

ただ、叱っていることが「周囲にまる聞こえ」にならないためには、2人で「どこを向いて話すか」が重要なのです。具体的に言いますと、「壁」に向かって2人で話すようにしてください。こうすれば、すべてとは言いませんが、「周囲にまる聞こえ」になることは避けられます。

叱るにしても、こうした配慮がないと、部下は「みんなの前で叱られた＝恥をかかされた」という気持ちになってしまうのです。前述の、自分のデスクに呼びつけ、部下を立たせて叱る方法は、「周囲にまる聞こえ」になるような叱り方です。このような叱り方だけは避けましょう。

さて、リーダーはなるべく「立って、壁に向かって叱る」のですが、どのような位置に立てば叱りやすいのでしょうか。一般的な「心理的位置関係」によれば、叱る場合は、2人の位置が「V字」になるのがよいといわれています。つまり、お互いが半身だけ相手に向くような位置関係で立つということです。

叱るときは、真剣さが伝わるように、部下の正面に立つ人が多いと思います。しかし、この位置は「対立の位置」と呼ばれ、勝ち、負けを決めるスポーツ（柔道、剣道、ボクシングなど）では、この位置から必ず勝負がはじまります。リーダーが部下を叱るのは「勝負をつけるため」ではありませんので、この位置は避けたほうがよいでしょう。

もう1つ避けてほしい位置があります。肩を並べるように、隣同士に並ぶ位置です。これは「友達の位置」と呼ばれ、親しくなるための位置ですから、叱る時にはふさわしい位置ではありません。

ということで、叱るときは「①立って、②壁に向かって、③V字の位置」で叱る、とリーダーは覚えてください。

こうすることにより、部下の側も叱られたことに対し、素直に聞く耳を持ち、受け入れられるようになると思います。

42　あえてみんなの前で叱る場面とは

最後に、あえてですが、みんなの前で叱るような場合とは、どのような場合か考えてみたいと思います。

唯一考えられるのは、「その人を叱ることで、それ以外の人がやる気になるケース」に限られるのではないかと思います。例えば、若手の部下Aさんにプロジェクトリーダーを任せたとします。1か月ほど経ち、あなたがAさんに進捗を尋ねると、「実は予定より進んでいません。予想外に情報を集めるのに苦労しています。メンバーはがんばってくれているのですが……」との返事でした。

そこで上司であるあなたが、Aさんを、あえてみんなの前で叱るのです。「Aさん、進行が遅れていることを報告するのもプロジェクトリーダーの役割だと私は考えていますよ！　プロジェクトのメンバーががんばっているのならなおさらだと思います。私は上司として、このプロジェクトに関わる全員のためにも結果を出したいと思っています。遅れを取り戻してください。再度、遅れを取り戻す計画をメンバーと練って、明日の午後5時までに私に報告してください。Aさんはもちろん、メンバー全員に期待していますから」

　このような叱り方をされたAさんを見たメンバーはどう思うでしょうか？　きっと、「よしAさんのためにも、自分たちのプロジェクトのためにも、何とか遅れを挽回するぞ」という気になると思います。つまり、他の人を動機づけることを目的として、あえて人前でAさんを叱るのです。結果、メンバーがやる気になることで、叱られたAさんもやる気になると思います。

　唯一このようなケースが、「その人を叱ることで、それ以外の人がやる気になるケース」に当てはまるのではないでしょうか。

　また人前で叱る場合は、前述の「36　リーダーが１分で叱る構造」で叱る必要はないと思います。ただ、「私は」という言い方をしたほうが安全です。そして、あくまでも「部下を人前で叱る」ことは例外と考えてください。

第7章

部下のやる気を刺激するための「法則・考え方」

43　クリティカルマス

クリティカルマスとは「臨界質量」のことで、主に広告業界で使われている言葉です。「ある結果を得るのに必要とされる数量。商品やサービスが広く普及するために、最低限必要とされる供給量」のことをいいます。

私はこの言葉を、人材育成にも生かせるのではないかと考えています。特に若手の育成に対する考え方として取り入れてほしいと思っています。「石の上にも三年」という言葉があるように、人が仕事を通じて育つためにも、最低限必要とされる供給量が3年という考え方にも通じると思います。

人が仕事を通じて育つためには、ある程度の「知識、技術、経験」が必要です。これがクリティカルマスでいうところの、「ある結果を得るのに必要とされる数量」に相当するのではないかと思います。またクリティカルマスでいうところの「商品やサービスが広く普及するために、最低限必要とされる供給量」とは、部下が広く普及する＝顧客に認められる、利益の出せる人材になるためには、それ相当の年月が必要です。この年月こそが「最低限必要とされる供給量」なのではないでしょうか。

このクリティカルマスという言葉は、人材育成に当てはめてみると、いかようにも解釈ができ、私はとても面白い言葉だと思っています。広告業界で使われているように、このクリティカルマスを越えたところに、本当の意味で消費者に認められた商品やサービスがあるのだと思います。

人材育成においても同じではないでしょうか。クリティカルマスが新人からの約3年間を意味し、それを越えたところで、本当の意味での「利益に貢献できる人材」「利益に関与できる人材」になれるのだと思います。

リーダーのみなさんは、特に3年未満の部下に対し、この「クリティカルマス」の考え方を当てはめて育ててみてはいかがでしょうか。

44　パーキンソンの法則

パーキンソンの法則とは「仕事の量は、完成のために与えられた時間をすべて満たすまで膨張する」（第一の法則）というものです。言うならば、「仕事を完成するにあたり、人は標準以上の時間を与えられると、与えられた全部の時間を無駄なく使おうとし、無意識のうちに遂行のペースを調整し、遅い仕事ぶりになってしまう」ともいえます。

楽なほう、楽なほうに身を委ねてしまう人間の弱さを見事に言い当てた法則で、イギリスの歴史学者・政治学者シリル・ノースコート・パーキンソンの著作『パーキンソンの法則：進歩の追求』（英語版）の中で提唱したものです。

この法則を私は、自分のタイムマネジメントスキルとして使っています。例えば、ある企業の研修プログラムを作成するとします。「何分で仕上げる」と決めないでとりかかると、途中で電話をとったり、急にネットで調べものをしたりと余計なことをするので、45分ぐらいかかってしまいます。それをあらかじめ「30分以内で仕上げる」と決めてから取りかかってみたら、集中力も高まり、何と30分でプログラムを完成させることができました。

つまり法則の通り、「自分に標準以上の時間を与えてしまっていたので、与えられた全部の時間を無駄なく使おうとし、無意識のうちに遂行のペースを調整し、遅い仕事ぶりとなり、45分もかかってしまった」のです。

これを知ってから数年、私はほとんどの仕事に、「何分で仕上げる」という時間設定を行ってから仕事に取りかかっています。これだけのことですが、タイムマネジメントは随分上手になり、生産性が上がったと感じています。

いかがでしょうか？　これを部下に応用するとしたら、まずは「部下が無意識のうちに遂行のペースを調整し、遅い仕事ぶりになってしまうような、余裕を持った期限を与えない」ということです。部下に仕事の期限を与える場合は、多少タイトに、少しきついぐらいの期限で丁度よいのかもしれません。この法則の逆で、部下に余裕をもった期限を伝えてしまっていたリーダーは、今からでも遅くありません。部下の仕事の期限を、少しだけ短縮することを試みてください。ただし、99頁にありますように部下の状況を考慮する必要はあります。

45　インキュベートの法則

簡単に言えば、「あることを習慣化するためには、その行動を3週間（21日間）続けてみる」という法則です。

そもそもこれは、アメリカの形成外科医であり心理学者でもあるマクスウェル・マルツが発見した、人間が持つある機能のことを指しているといわれています。

その機能とは、「脳細胞の中にある情報伝達経路となるシナプスが、情報回路として固定的に機能するようになるまでには、どのような人でも3週間は必要とされる」というものです。この機能が、行動心理の面でも応用され「インキュベートの法則」となったようです。

ここでは、あくまでも部下に応用できるスキルとしての位置づけで考えてみたいと思います。

応用できる範囲は、「部下自身の行動」に応用するパターンと、リーダーであるあなたが「部下にかける言葉」に応用するパターンが考えられます。

●「部下自身の行動」に応用するパターン

例えば、報告漏れがある部下、報告が遅い部下がいたとします。その部下に対し、「朝10時と午後1時と夕方5時の3回、報告事項があってもなくても、私のところに来てください」「これを試しに3週間続けてみませんか？」と提案してみてください。

3週間後には、報告のタイミングが改善されるかもしれません。

●「部下にかける言葉」に応用するパターン

例えば、新しい仕事に対し不安を抱えている部下がいたとします。その部下にあなたは3週間、毎日必ず、「大丈夫、何かあったらすぐにフォローするから」と言葉をかけ続けてください。

3週間後に部下は、自信をもって仕事に取りかかっているかもしれません。

以上のように、あくまでもこれは絶対の法則ではなく、試してみる価値があると思われるスキルです。何か固定化させたい行動があるときは、部下のみならず、自分自身にも応用できるのではないでしょうか。

46 ツァイガニック効果

この効果はマーケティングの世界で使われているテクニックで、典型例がテレビの「続きはＣＭの後で」といった手法のことです。ＣＭ中に他の番組に変えられないように、情報を完結させないで、視聴者の興味を維持させるために行われています。

ツァイガニック効果とは、旧ソビエト連邦の心理学者ブルーマ・ツァイガニックによって提唱された、「目標が達成されない未完了課題についての記憶は、完了課題についての記憶に比べ想起されやすい」というもので、〝中断効果〟とも呼ばれています。

それではこの〝中断効果〟をどのような部下に応用できるのでしょうか？

私は、どのようなアプローチをしても自分の考えや意見を持とうとしない部下に応用することをおすすめいたします。

例：「自分の考えや意見を持とうとしない部下」

リーダー：「A社への新規提案については、どのような方針で進めているの？」

部　　下：「まだリーダーほどA社に深く関わっていませんので、これといった方針はありません」

「リーダーのほうがよくご存じなので、リーダーの方針で行こうと思います」

リーダー：「分かった。○○さんにこれといった方針は、今現在はないということだね」

「では金曜日まででいいので、方針を決めて声をかけてもらえますか」

「ではお願いしますね」

このように、「分かった」と言いながら、自分の方針をあえて話さず、話をすぐに切り上げてしまうのです。そうすると、部下は何となく中途半端な気分になりながらも、自分が方針を考えなければならない状況になります。自分の考えや意見を持とうとしない部下こそ、親身に相談に乗るよりも、こうした中断効果のほうが期待できるかもしれません。

また会議やミーティングで案が煮詰まったときに、あえて中断したまま解散する手法をとることもツァイガニック効果があるといわれています。

ツァイガニック効果は対個人でも対集団でも使えますので、ぜひ応用してみてください。

おわりに

本書を最後までお読みいただき、ありがとうございます。
おわりに、私から2つのメッセージをお届けしたいと思います。

「個人的人格」から離れ、いかに「役割的人格」になるかが勝負

私は、人は〝何か〟を通じて成長し、発達するものだと考えています。その〝何か〟は、私個人にとっては「仕事そのもの」、もしくは「仕事を通じた役割」「仕事を通じた人間関係」でした。もちろん、そのベースには、家族や友人の存在があってこその成長だと考えています。ただ、家族や友人の存在と同じぐらい仕事の存在は大切なものだと考えています。

それは、誰でもそうだと思うのですが、家族や友人と関わるときの自分は「限りなくありのままの自分」であり、ごくごく「個人的な人格」で関わっている自分です。一方、

仕事ではどうでしょうか。少なからず、ありのままの自分とはまた違った意味での「仕事の人格」を持っていると思います。それが「役割的人格」と私が勝手に呼んでいるものです。

私は研修の中で、「上司として、厳しさと優しさを足して10になるように配分したら、どうなりますか」と尋ねます。すると自分は叱るのが苦手だというリーダーは「厳しさ＝3・優しさ＝7」、逆に自分の部署では新人に早く成長してもらわないと困るのであえて「厳しさ＝7・優しさ＝3」というリーダーもいます。

それに対し私は、この配分は「個人的な人格に留まっている自分」だとそうなりますね。部下を叱るのもほめるのもリーダーの役割です。リーダーは〝役割として〟、叱ることもほめることもしなくてはならないのです。つまり、いかに「個人的人格」から離れ、「役割的人格」になり切れるか、がリーダーとしての勝負ですよ、と伝えます。

多分、このように人はみな、仕事だからこそ「役割的人格」をある意味、演じているのだと思います。まさに演じ切ることが、人間としての成長や発達につながっていると、私は信じています。

言葉は「使うもの」ではなく「選ぶもの」

ある意味、リーダーは「役割的人格」を演じるのだとすれば、言葉を「選んでほしい」と思います。

どのような言い方をすれば部下に伝わるのか、やる気になってもらえるのか、行動や成果に結びつくのか、よく考えてから言葉を「選んで」ほしいのです。

どう選び、部下に伝えるかについては、すべての章を通じ、さまざまなスキルとしてお伝えしてきたつもりです。特に、第6章の叱るスキルは、言葉の選び方が一番試されますし、「役割的人格」を全面に出して叱らないと、部下をなかなか叱ることはできません。

「役割的人格になり切って言葉を選ぶ」といいますが、役割的人格になり切るためには、「意識」しないとできません。また、言葉を選ぶためには「スキル」も必要です。

本書では少なからず、この2つのお手伝いができたのではないかと考えています。

最後になりますが、私は企業研修講師という仕事柄、話すことが専門で、書くことはあまり得意とは言えません。その意味で、つたない文章にお付き合いいただきました読者のみなさまには、心から感謝申し上げます。また、本書を執筆するにあたり、たくさんの方のご協力や励ましをいただきました。特に、経法ビジネス出版株式会社の代表取締役である中島基隆氏には、新人を育てる気持ちで接していただきました。心から御礼申し上げます。

２０１４年10月

横山美弥子

横山美弥子（よこやま みやこ）

産業能率大学経営情報学部（産業心理）卒業
大手旅行会社に入社、旅行業務全般を担当。
その後、学校法人の役員秘書を経て、コミュニケーション研修の講師として社員研修機関に登録。
現在は、産業カウンセラーの資格を生かし、OJT 研修、女性リーダー・管理職候補者研修、メンタルヘルス研修などを中心に活躍中。
20 年間、数多くの企業、地方公共団体などで研修や講演を実施。
産業カウンセラー（日本産業カウンセラー協会認定）
キャリア・コンサルタント（日本産業カウンセラー協会認定）
心理学検定１級（日本心理学諸学会連合認定）
秘書検定１級（実務技能検定協会認定）
著書に『部下の「うつ」をすばやく見つける本』（中経出版）など。

経法ビジネス新書 003

3分あれば部下を育てられる実践スキル46

2014 年 11 月 15 日初版 1 刷発行

著　　者	横山美弥子
発 行 者	金子幸司
発 行 所	株式会社　経済法令研究会 〒162-8421　東京都新宿区市谷本村町 3-21 Tel　03-3267-4811 http://www.khk.co.jp/
企画・制作	経法ビジネス出版株式会社 Tel　03-3267-4897
カバーデザイン	株式会社 キュービスト
印 刷 所	株式会社 加藤文明社

乱丁・落丁はお取替えいたします。

ISBN978-4-7668-4802-1 C0234

経法ビジネス新書刊行にあたって

経済法令研究会は、主に金融機関に必要とされる業務知識に関する、書籍・雑誌の発刊、通信講座の開発および研修会ならびに銀行業務検定試験の全国一斉実施等を通じて、金融機関行職員の方々の業務知識向上に資するためのお手伝いをしてまいりました。

ところがその間、若者の活字離れが喧伝される中、ゆとり世代からさとり世代、さらには、ゆうとおり世代と称されるにいたり、価値観の多様化の名のもとに思考が停滞しているかの様相を呈する時代となりました。そこで、文字文化の息吹を絶やさないためにも、考える力を身につけて明日の夢につながる知恵を紡いでいくことが、出版人としての当社の使命と考え、経済法令研究会創業55周年を数えたのを機に、経法ビジネス新書を創刊することといたしました。読者のみなさまとともに考える道を歩んでまいりたいと存じます。

２０１４年９月

経法ビジネス出版株式会社